谷口輝世子
Taniguchi Kiyoko

子どもがひとりで遊べない国、アメリカ

安全・安心パニック時代のアメリカ子育て事情

生活書院

はじめに

日本で生まれ育った私は、米国で二人の子どもを産んで育てている。はじめての子どもを産んだ後、とても不思議な気持ちになった。

子どもにミルクをあげ、ご飯を食べさせ、病気にかからないよう、事故に遭わないように心を配って育てるということは、いつの時代であっても、どこの国であっても、親の仕事として変わらないことだろう。子どもたちの心身の成長の過程も生物的には、大きな変化はないはずだ。

ところが、住んでいる国の文化や常識とされていること、最新の科学的調査に基づく推奨される子育て法は、場所や時代によって大きく違う。大人が今、生きている時代に大きく影響を受けて暮らしているのと同じように、産まれたばかりの新生児が大人になるまでの生活も社会のあり方に大きく影響を受ける。そして子どもはどの時代にも、どの社会にも適応できる力を持って生まれてくる。

私の二人の子どもは小学生になった。今、私と子どもたちは、豊かな自然の恩恵を受けながらも、小学生の子どもにも親の付き添いが始終必要だと考えるアメリカ社会のなかで暮らしている。

私は昔『トム・ソーヤの冒険』や『エルマーの冒険』に心を躍らせた。いずれも主人公は少年で、彼らは大人のいないところで、いろいろな危機を乗り越えていった。今、アメリカにはトム・ソーヤやエルマーはいない。少なくとも私の住んでいる中流家庭の多い郊外にはいない。

私の小学生時代、それは一九七〇年後半から八〇年代にかけてで、子どもの習い事や偏差値による振り分けなどが盛んであり、それが社会問題にもなっていたけれども、その一方で私は近所の年上の友達からいろいろな遊びや、いじめられたときの対処法、自転車の乗り方などを教わり、親のいないところで多くのことを身につけた。それらは私の子ども時代の楽しかった思い出と直結している。

私の子どもたちにこういった機会はない。外遊び減少の原因と言われているテレビを見る時間を減らし、テレビゲームや携帯型ゲームを使っていなくても、である。遊ぶスペースは広大だけれど、彼らはたいていの場合、子どもだけで公園やクラスメートの家に行くことができない。米国の小学生の子どもが遊ぶときには、空間と仲間と時間のほかに大人の監視が必要だ。州によっては子どもに留守番をさせてよい年齢が定められているところもある。多くの小学生たちは親の目の届く範囲でしか遊ぶことを許されていない。

日本でも、幼い子どもが誘拐されたり、傷つけられる事件が大きく取り上げられて報道されたことで、防犯意識が高まり、大人が子どもの遊びに付き添う傾向が強まっている。それでも、時々、日本に里帰りすると、小学生たちが自分で歩いて登校し、子どもだけで公園に集まってきて遊んでいる姿も見かける。その光景にほっとする。

子どもの安全は守らなければならない。事件や事故には絶対に巻き込まれて欲しくはない。

それにしても、アメリカは本当に子どもだけで遊ばせられないほど危ないのか。小学生の子どもに親が付き添うことでどのような影響があるのか。小学生の子どもだけで遊ばせると親は育児放棄とみなされるのか。それらを考えてみたいと思った。「アメリカはこういうところ。こうなっているのだから仕方がない」で片付けることはできなかった。

アメリカの中でも治安が悪く、公園で禁止薬物の売買が行われているような地区に住んでいれば、日々、感じることも違ったかもしれない。もしも、私が女の子の母親であれば、今とは違う考え方を持っていたかもしれない。しかし、小学生の子どもに始終付き添うことを前提に暮らすにしても、それは安全対策の道半ばでしかないだろう。大人が子どもに付き添うことで失われた何かがあるとするならば、それを補うことも考えなければならない。

日本では、小学生の子どもが子どもだけで行動することを前提に防犯対策や防犯教育がされているようだ。これからも子どもだけで過ごす時間を持てる安全な国であり続けてほしいと願う。

子どもがひとりで遊べない国、アメリカ
CONTENTS

Part. 1

子どもとの暮らし

Part.2

本当に危ないのか

Part.3

いつからこんな時代になったのか

Part.4 責任者出てこい

Part.5 車社会

Part.6

育児放棄か？

Part.7

格差社会アメリカ

Part.8

子どもを持つ家庭への影響

Part.9

ミシェル・オバマ「レッツ・ムーブ」

Part.10

似たような考え方の人を見つけた

Part.11

代替案を探す

Part.1 子どもとの暮らし

絵葉書の中の暮らし

レンガで造られた家が並び、緑の芝生がしきつめられた庭では子どもらが走り回る。春夏は芝生と木々の緑が美しく、秋には落ち葉を集めてそのなかに飛び込んで遊ぶ。テレビのコマーシャルに使えそうな光景だ。冬の寒さは厳しいが、雪遊びができる。米国中西部の郊外にある私の家は決して高級住宅街ではないけれども「アメリカ」の広大な国土のおかげで、緑溢れた静かな住環境に恵まれている。

私は生まれも育ちも日本で、子ども時代は小学校区内には公園さえなかった都会の下町に住んでいた。個人商店と民家がひしめき、誰でも顔見知りだったその雰囲気はとても懐かしい。けれども、青空さえ十分に眺めることのできなかった路地裏で育った私には、こちらでの生活はまるで絵葉書のなかで暮らしているようなもの。

子どもの通う小学校のすぐ裏には小さな森があり、夏の日暮れにはこの森でホタルが舞っている。仕事を持つ大人たちの帰宅時間は日本人よりも概ね早く、整備された広い道路が、車を使っての生活をより便利なものにしている。申し分のない暮らしと言いたいところだが、私にはここで子どもと暮らしていくうえで、不満がひとつある。

広い庭で遊ぶ子どもたち

子どもだけの状態にしてはいけない

それは小学生になった二人の子どもたちと、ほとんどずっといっしょにいなければならないことだ。とりたてて、子育てがいやなワケではないけれど、子どもらが外で遊んでいる間、私はぼーっと付き添っていなければならない。登下校も、習い事も付き添っている。留守番はさせられない。

私の住むミシガン州では州法には定められていないけれども、一般的に「一二歳以下の子どもを子どもだけの状態にしてはいけない」とされている。Child Welfare Information Gateway の資料によると、イリノイ州、メリーランド州では、子どもだけで留守番をさせてはいけない年齢が州の法律によって定められている。

私は毎朝、小学生の子ども二人を近くにある小学校の校舎まで送っていく。朝は、子どもをやや急かせながら歩いて五分の道のりだ。学校は住宅街のなかに埋もれるようにして建っていて、私の家から学校までは一度も大通りを通ることはない。すれ違うのは顔見知りのご近所さんが運転する車だけだ。

家から学校にたどりつくまでに一〇軒ほどの家を通り過ぎる。家々には小さな庭があり、大木が何本もそびえ、リスが走り回っている。薄暗い冬の朝であれば、起きている人がいるのだろうかと思うほど静まりかえっている。住宅区画から小路を抜ければ学校へつく。この小路は人がやっとすれ違うほどの幅で、車は通ることができない。

子どもたちは日本の幼稚園年長にあたる「キンダーガーテン」という学年から、この小学校に通う。幸いにしてわが家から学校までは近く、歩いて通うことができる。子どもの足でも五分程度だ。だから、この場所に家を買った。

私は、子どもだけでも歩いて登下校できるだろうと何度も思う。子どもに付き添って学校まで行くのが嫌なわけではないけれど、私が子どものころ（もちろん日本だが）は、学校でも、家でもない通学路を、友達と話しながら歩くことがとても楽しかった。特に帰り道などは解放感もあって、たわいのない悩み事などをおしゃべりしていた思い出がある。そんな時間を自分の子どもにも味合わせてやりたいと思ったまでのことだ。

しかし、米国では小学生の子どもが子どもだけで行動するのは危険なことと見なされている。高学年になるとバス停まで子どもだけで歩いている姿も見かけるけれど、低学年では子どもだけではおいそれとは通学できない。

私の住む州にははっきりとした年齢制限はない。しかし、たとえ法的な制限はなくても、子どもだけで行動させるのはよくないということが米国の中流家庭では「常識」になっているようだ。おおよその目安として挙げられている例では、五歳の子どもがひとりで道を歩いていた場合は、保護者の育児放棄が問われるとされている。

言うまでもないけれども、子どもだけでの行動を禁じるのは、交通事故などを防ぐためであり、子どもが不審者によって傷つけられたり、誘拐されたりすることを防ぐためである。だから、子どもを子どもだけで行動させるのは危険な状態に置くことであり、保護者の育児放棄だとみなされる。

もちろん、私も子どもがケガをすることなく、事件に巻き込まれることなく、毎日を過ごしてほしいと願っている。それでも私はしつこく思う。幼稚園児だけで登園させるのは無謀だとしても、小学生なら道の端っこを歩き、車に気をつけながら、学校まで歩いて通うことはできるのではないか。私の子どもが男二人で女の子がいないから、そう思うのかもしれない。もし、私が女の子だけの母親なら気持ちは違っていたかもしれないけれど、女の子であってもひとりの状態にならないよう気を配れば、友達や兄弟姉妹と連れ立って学校まで歩くことができるのではと考える。

長男は、日本にある私の実家に一時帰国した際に、近所の小学校に体験入学という形で受け入れてもらった。最初の数日は道が覚えられなかったので私が付き添って登校していたが、何日かするとひとりで通うようになった。

ある日、不審者が近くの公園にいたので気をつけるようにと言われて帰ってきたことがあった。長男は初めて聞く不審者情報に不安そうだったが、通学路で子ども一一〇番の表示がある店や防犯ベルが備え付けられた鉄柱を私と確認し「変なことをされそうだと思ったら全速力で走って逃げる」という作戦を自分で立てた。翌朝もひとりで無事に学校まで行った彼は、自分だけで登校することに自信を深めたようだった。

登下校で危険を感じるとき

米国での暮らしに話を戻すと、通学路で私が最も事故の危険を感じるのは、学校に続く小路の付近である。皮肉なことに（少なくとも私はそう受け取っている）子どもたちを学校に送ってくる保護者の車で大混雑しているからだ。

私たちの歩いていく進行方向からは、すでに子どもたちを送り終えた車、後ろからはこれから学校へ向かう車、道路の端には子どもを降ろすために一時停車している車があり、車に前後から挟みうちされると避ける場所も十分にないと感じるほどだ。

学校の敷地内ではボランティアの保護者と先生が交通整理をしているが、敷地外の一般道路は車を運転するにしろ、子どもを歩かせるにしろ、それぞれ個人が気をつけるしかない。車を運転しているのは顔見知りの保護者なので、みなスピードを落としてくれてはいる。けれども、私はひねくれものなので「徒歩通学は肩身が狭いなあ」

とぼやきながら、運転する保護者に手を振って、スピードを落としてくれていることを感謝している合図をしたり、あいさつをしたりする。

歩いて学校に通うのは明らかに少数派だ。学校から一定の距離以上（おおよそ一・五キロメートル）からやってくる子どもたちには通学バスが出ているが、徒歩一五分程度、一キロメートル以内の場所に自宅のある子どもたちは、通学バスの範囲外である。そうなると親が車で送っていくか、付き添って歩くしかない。

ある調査によると米国人は〇・五マイル（約八〇〇メートル）以上離れた場所に移動するときには、自動車を使う人が圧倒的に多くなるというデータがある。親のほうが歩いて十分以上かかるところは車で移動するものという考え方だったり、家庭に他に小さい子どもがいたり、子どもを送り終えてそのまま親が出勤するため、車で送迎している家庭は多い。

学校は送迎の車で大混雑

うちの家よりも、学校に近い場所に住んでいる家族も車で登校している。徒歩通学しているのは見回したところ、毎日同じ顔ぶれの三〇家族程度のようだ。もし、子どもだけで通学してもよい、通学するべし、となったら、この学校前の車の大渋滞も解消されるだろう。そうすれば、みんなもう少し安全に歩けるはず、ぐらいのことをわたしは思っている。

私は非常識

長男が小学一年生のとき、私はハタからみれば「非常識で危険な」判断をして、長男ひとりだけを歩いて学校まで行かせたことが何度かある。ただ付き添って歩くだけの二男が「眠い」とか「寒い」とか「着替えるのが遅くなった」などと行き渋り、遅刻しそうになったからだ。私は「車に気をつけることと、何か困ったことがあれば友達の家が通り道にあるので、ドアをたたくこと。知らない人とは話をしないこと」と言い聞かせて送り出した。

どんな親でもそうだろうが、長男をひとりで学校に行かせた朝、私はやや緊張した。まさか誘拐されていることはないだろうけど、ちゃんと学校へ着いているだろうかという程度の心配はした。三〇分ぐらいたっても、どこからも連絡はないので、大丈夫だろうということにした。親からの連絡なしに欠席している場合は、すぐに学校から安全確認のために電話がかかってくることになっている。

もうひとつの心配は、私が、低学年の子どもをひとりで登校させるという「非常識」なことをしていることだった。よその子の親が、うちの長男がひとりで歩いているのを見れば、きっと「お母さんはどうしたの」と聞くことであろう。そんなことも想定して息子には「もしも、お友達のお母さんや先生に聞かれたら〝今日は弟が病気なので、ひとりで歩いてきた〟と言うように」と事実とも嘘ともつかぬ言い訳も入れ知恵しておいた。

なにしろ周囲は「子どもをひとりで歩かせるのは危ない」という前提で暮らしているし、子どもがひとりで歩いていると、危険な状態にあると見なされて、警察に通報されることがあるというのはよく聞く話だ。

恐らく、息子がひとりで歩いて登校している姿を見かけるのは、同じ学校の保護者か、学校の先生か、いつも私と登校している姿をみかけている近所の人たちだろうから、いきなり警察に電話して「子どもがひとりで歩いています。危ないです」なんて通報することにはならないだろうと踏んだ。それでも、親である私が他の保護者から注意されたり、学校から警告を受けたりすることはあるという覚悟はして送り出した。

実際にそういうことが一度あったのだ。長男が六歳のときのこと。休みの日の午後、この学校の校庭で遊んでいて（校舎はしまっているが、校庭を覆う柵やフェンスはなく、誰でも利用できるようになっている）トイレに行きたいというので、庭仕事をしている近所の人も多く、車の通りも少ない時間帯と私は判断し、ひとりで家まで歩いていって用を足してくるようにと言った。

私は二男と校庭にいたのだが、ひとりで歩く長男を見かけた近所のひとが家にいた夫に「おたくのお子さんがひとりで歩いていたけど、大丈夫？　何かあったのかと心配になって」と親切にたずねてきてくださったとのこと。夫は「ちょっとトイレだというので、ひとりで走って帰ってきてしまったみたいです。これからは気をつけます。ありがとうございました」などとお礼とも言い訳ともつかぬ対応をしたそうだ。

それでも、幼稚園の年長児や小学校低学年の子どもをたびたびひとりで歩かせたり、子どもだけで少し離れた広場などで遊ばせたりしていると、近所の人たちからも、親切な忠告を聞かない親だとみられるだろう。そのときは州の子ども保護サービスか警察に通報される可能性がある。そして、「育児放棄」であったかどうかを問われることになるだろう。

先に述べたChild Welfare Information Gatewayによると「子どもを監視していない状態に置くことは、危険が予想される場所では育児放棄と見なされることがあります。地域の児童保護サービスに連絡して確認してください」とされている。

学校側は小学校中学年以上の子どもだけで通学することを禁止はしていないが、推奨もしていない。市のいわゆる教育委員会のような部署を通じて、不審者メールや安全対策メールが届く。「二〇年近く前にスクールバスのバス停で小学生が誘拐される事件がありました。この事件を忘れないようにしましょう。子どもが学校を欠席する場合は必ず学校に知らせるようにしてください。もしもの場合は、警察や周囲が迅速に動くことで事件の解決につなげることができます」とあった。

学校のEメールリストを通じて、不審者情報メールもその都度届く。「通学バスのバス停に車に乗った不審な男性がおり、女子中学生に年齢を聞いた」などという内容のものだ。不審者メールが届くと、この静かな街の日常にも不審者が出没しているのだという不安な気持ちになる。不審者メールが届いたとき、親がすぐにできて確実に効果がある対策といえば、始終、子どもに付き添っているということしかない。

公園も、買い物も、習い事も…………………………

今、米国で暮らす私の子どもたちがクラスの友達と遊びたいといえば、親同士が約束してどちらかの家で遊ばせる。友達の家でも子どもだけで歩いて訪ねていけば、友達のお母さんに驚かれることになる。

それに一二歳以下の子どもは大人が見守っているのが普通の状態なので、私が付き添わず、うちの子どもだけで遊びにいくと、子守りを押し付けてしまうことになる。子どもをひとりで歩かせている私は「危ないお母さん」とみなされて、いっしょに遊びたくないと思われるかもしれない。こんなお母さん同士の微妙なすれ違いは、日本でも米国でも同じだろうけれども……。

今のところ、親の付き添いなしに遊べるのは裏庭どうしがつながっている近所の友達の家と、同じ通りの三軒向こうの家だけだ。二軒とも、うちの家とほぼ同じ年齢の二人の子どもがいる。そのお母さんたちと話をしてどちらかの家の庭ならば子どもたちだけで誘い合い、遊んでいいことにしている。裏の家の家族が引っ越してきたとき、そのお母さんが「うちの庭で遊ばせてもいい？　私、見ているから」と言ってくれたのだけれど、私は「道路に飛び出さないことさえ念押ししておけば、見ていなくても大丈夫だと思う」と答えた。そのお母さんも内心そう思っていたようで、すぐに同意してくれた。

子どもが習い事をしていれば、その場所まで送って行ってやらなければならない。スポーツなどの習い事はケガの危険があるため、低学年であれば、呼べば親がすぐ駆けつけられるように、施設内にいることが求められている場合も多い。

子どもが公園で遊びたいとなれば、親はいっしょに歩いて付き添うか、車に乗せて公園まで連れていくしかない。

だから公園や子どもの遊び場にいくと、子どもの数とほぼ同じだけ大人がいる。木がたくさんあり、きれいに整備された緑の芝生があり、トイレも比較的きれいだ。遊具も定期的に点検されていてしっかりしている。下にはウッドチップが敷かれていて、万が一、どこかから落ちたときの衝撃を和らげるようにできている。ゴミを捨てる（きれいな）ゴミ箱もある。広さも十分で球技もできる芝のフィールドと、ブランコなどの遊具のある場所が離れているため、小さな子どもと、野球やサッカーをしたい大きな子どもがぶつかる危険も少ない。日本の公園よりずっと遊びやすいと思う。ただ、こんな環境も、大人に連れてきてもらわなければならず、大人が付き添うことでしか遊べないなら、宝の持ち腐れのような気がする。

「すべての子ども」とは言えないだろうけれども、たいていの場合、子どもはいつまでも遊んでいたがる。仲間がいればなおのことで一時間でも二時間でも遊ぶ。少々暑くても、寒くても、暑い日はお茶や水を飲み適当に休憩しながら、寒い日は防寒着さえあれば遊んでいる。

ところが、ただ公園で子どもが遊んでいるのを見ているだけの大人は、退屈になってくる。お母さん同士でおしゃべりをして時間のたつのを忘れて楽しむことはあるし、天候のよい日には本を持っていって読んでいることもある。ときには子どもに混じってボール遊びや鬼ごっこの相手もしてやる。それでも、たいていは子どもより先に親が帰りたくなってくる。大人は公園で何時間も遊びまわるようにはできていない。

ある涼しい夏休みの日、私は子どもを連れて三時間ほど公園にいた。私たちが遊んでいる間、次々と親子連れや、プレイグループと呼ばれる、前もって遊ぶ約束をしている親子たちがやってきた。短い人たちで一〇分、長い人でも一時間そこそこで帰っていった。私たちはその日、一番最初に来て、一番最後に帰ることになった。他のお母さんたちは「買い物にいかないといけないから帰ろう」と言ったり、「お昼をたべる時間だから帰ろう」と言ったり。子どもは「もうちょっと」と言って粘るが、五分ほどの猶予時間を与えられた後で帰っていった。

公園では親がずっと子どもを見ている

　ここでも、子どもだけで遊ぶことを許されたら、帰りたくなるまで遊べるだろうし、親もその時間に家事や仕事を済ませられる。大人が付き添うことで、子どもの外遊び時間は少なくなっていると思う。

　私は市の警察に「小学生の子どもを子どもだけで公園で遊ばせたいのですが」と電話で問い合わせたことがある。返事はこうだった。「どの公園ですか？　あ、あの公園ね。安全だと思えるあの公園でも、子どもだけで遊ばせるのはやめたほうがいいです」。私はいったい何歳ならいいのだろうかと思って、ちょっとカマをかけた。「一〇歳や一一歳でもでしょうか」ともう一度たずねた。「そうです」との返事だった。

いつまで子どもの遊びに付き合えばよいのだろうか。子どもだって、親に見張られていては思う存分遊べないだろう。それに多くのお母さんが付き添っていることで、私の場合は、だけれど、他のお母さんの目を気にして子どもだけで解決できそうな遊具の譲り合いにも（シツケ的にそれがいいのか悪いのかは、これも私には分からないけれど）つい口を出すことになる。

公園の奥にある人気のないハイキングコースを散歩したり、ジョギングしたりしている大人のほうが誰かに襲われた場合にはよほど危ない気がするのだが……。

子どもだけにしてはいけないのは公共の図書館でも同じである。私は日中でも気温が氷点下になる寒い時期には子どもを連れてよく隣町の図書館までいく。

話はややそれるが、自分の街の図書館も、この隣町の図書館も設備は大変充実している。蔵書は豊富にあるし、日本語の本も置いてある。子ども向け、大人向けを問わず多くのプログラムが開催され、コンピューターを使っての調べ物も無料でできる。自習はダメなんてケチなことは言わず、たくさん置いてある机をつかってパソコンを広げてもいいし、自習でも新聞の閲覧でも何をしてもいい。実はこの原稿も毎朝、子どもが学校に通っている時間、私は図書館で書いている。
図書館には張り紙があって「一二歳以下の子どもは一人で図書館に来てはいけない。午後六時になっても子どもだけが図書館に居残っている場合には、警察に通報する」と書いてある。図書館員にベビーシッターの役割を押し付けられるのも困るからだろう。

大型の商業施設では、子どもを置き去りにしたとして母親が逮捕される事件があった。一二歳の子ども二人に「ベビーシッター」として下の兄弟たちの面倒を見るようにと言い聞かせ、子どもたちだけを車から降ろしたという。母親は一時間後にむかえにいく約束だった。

しばらくすると家に帰って休憩していた母親に、警察から電話がかかってきた。母親はケガか事故にでも巻き込まれたかと急いで商業施設に出向いたが、そこにいたのは二人の警察官と、うかない顔をした五人の子どもだった。警察官は子どもたちの目の前で、子どもを安全でない場所に置き去りにしたとして母親を逮捕したという。

一二歳の二人の女の子が洋服を試着している間、九歳、八歳の子とベビーカーに乗った三歳の子が三人でいる姿が商業施設の店員の目に留まり「いっしょに来ている大人はいるか」と聞いたところ、一二歳の姉と姉の友達だったことから、子どもの安全を確保するために保護し、警察に通報したというものだ。後の裁判で親は無罪となったが、子どもたちにとっては目の前で母親が逮捕されたショックが大きかったとのことだ。

安全第一はよく理解できるが……………………………………

絶対に子どもに付き添っていなければいけない状況というのはあるだろう。私は一歳や二歳の子どもを子どもだけで外で遊ばせることなど考えたことはない。たとえ年上の子どもといっしょであっても、子ども自身にひとりでできることがまだ少ないし、子どもに任せられるほど危険を認識する判断力が育っていない。道路に飛び出さないなど、交通ルールを守ることもできないだろう。

一、二歳のころは歩く力もしっかりしていないのに、どこへでも上がり、なんでもさわりたがる。公園で子どもを遊ばせるにしても、親がすぐ後ろをついて歩き、危ないことを止めてやるしかない。人ごみはもちろん、スーパーマーケットでもひとりで歩かせることはできない。家のなかでさえ目を離せない時期がある。

米国では子どもを自動車内にたとえ短時間であっても、置き去りにしてはいけないと州ごとの法律で定められている。私は子どもを車の中に置き去りにしてはいけないということについては何の反論もない。眠っている子どもを起こして、スーパーで買い物をしたり、用事を済ませるのは確かに親にとっては面倒だ。しかし、置き去りにされることは、子どもにとっては閉じ込めなどの危険が多いし、車のなかに子どもだけで座っていることに子ども自身のメリットはあまりない。

けれども、幼稚園の年長ぐらいからは慣れた遊び場で、ひとりきりでなければ、子ども同士だけでも遊べるように感じる。子ども自身も楽しい時間を持つことができるのではないだろうか。

「時代が違う」と言われればそれまでだが、一九七〇年代から八〇年代にかけて子ども時代を送った人は、五、六歳ぐらいから子どもだけで遊んだ経験があるのではないだろうか。

私はすでに三歳ごろから、近所の年上の子どもに混じって、子どもだけで遊んでいた。四歳ごろになるとその年上の子どもたちに連れられて、補助輪つきの自転車に乗って、一駅むこうのデパートまでいった。大人から見れば、危なっかしいことばかりだが、危なっかしいことほど、はっきりと記憶に残っており、そのときのスリルと「こんなところまで来てしまった」という興奮が今でも鮮明に思い出せるほどだ。けれど、ひとりではなかった。無事に家まで帰ってくると誇らしい気分になったものだ。

日本では「米国は治安が悪い」とか「日本では安全はタダと思われているけど、米国では安全にお金がかかる」などとよく言われる。私も日本からロサンゼルスに移り住んできたころは（私もまだ若い独身女性だったので）一人暮らしをするのが不安で、知人の紹介で米国人家庭の一部屋を借りていた。

けれど、今、私が住んでいる場所に限っていえば、治安が悪いという実感はない。子どもが犯罪に巻き込まれる危険性はゼロではないけれど、私は一〇年近くのこの街での暮らしで、日のある時間帯にひとりで道を歩いていて怖い思いをしたことはない。米国全体の誘拐などの犯罪率も下がってきていると読んだり聞いたりもしている。何年か前には、私の住んでいる街は州のなかで最も安全な街にも選ばれた。私はもはや「若い女性」というカテゴリーには属さないが、オンナが昼間ひとり歩きして怖いことはない。小学生の二人連れなら、まあ大丈夫ではないか……という気持ちにはなる。誘拐などの犯罪に遭う危険がゼロでない限り、親が付き添うべきであるという理屈は私にもよく理解できる。大人が付き添っていても、親子もろとも交通事故に遭うことはあるだろうけど、誘拐など、力のない子どもを狙った犯罪は大人が付いていることで防げるというのはよく分かる。

ただ、その万が一の危険対策のために親と子が失うかもしれない何かを、米国ではデメリットなど全くないとして切り捨てているように私には見える。私の疑問（大人が始終子どもに付き添うことで、親と子は何かを失っているかもしれないということ）が、私の住むあたりや米国の新聞や雑誌の報道では、議論の対象にもなっていないようなのだ。

私には親や親に代わる大人が子どもに付き添っていることで、子ども側に失うものがあるかどうかは分からない。「何」を失うのかもよく分からないけれど、子どもだけで遊んでいるのと大人が付き添って遊ぶのは全く同じではないだろう。自分たちだけで危ない遊びかどうかを判断し、小さな子どもがいればそれなりに面倒を見てやり、年上の子どもがけんかの仲裁に入ったりする。そんなことは、大人に付き添われてないほうが、自然に行われやすいような気がする。異年齢の遊び集団などは、もう、日本でもとっくの昔に見られなくなっているだろうけれども……。

ある日、パソコンで「子ども、監視なし、遊び」というキーワード（英語で）で検索したら「子どもが大人の監視なしに遊ぶことは大切なことと考えられています」と書かれたサイトにヒットした。米国人でも、そんな考えの人がいるのだなとなんだか味方を得た気分になって読みすすめると、それはイギリスの団体によって作られたイギリス向けのホームページだった。

日本では子どもを犯罪の被害から守るため、「子ども一一〇番」として駆け込む安全場所を設けたり、地域の目として登下校する子どもたちを見守る活動をしていると見聞きする。米国でも「地域の目」というサインを玄関に掲げて防犯対策をしている家があるが、それは不審者を見つけたときは通報するといった内容である。私の住んでいるところでは地域の人が子どもの登下校を見守ってくれるような仕組みはない。やっぱり親が自分の子を見守るしか、直接的な手段はない。

危ない親にはなりたくない……………………………………

放課後には、開放された学校の校庭で子どもだけで遊ばせてやりたい。子どもだけで登下校させたいが、他の保護者の人から「危ない親」と思われても困る。実際、放課後の小学校の校庭で他のお母さんと話していると「うちの子、〇〇くんの家で遊ばせてもらったんだけど、あそこのお母さん、子どもの遊んでいる様子を全然、見てないのよ。あそこの家には預けられない」という言葉を耳にした。ちなみに子どもは小学二年生である。

他の保護者から親子揃って「危険を認識していない家族」といわれるのも嫌だし、警察に通報されるのは避けたい。米国では子どもをひとりにしたことで通報される例は少なくない。日本領事館も日本と米国との子どもに対する考え方の違いを説明し、「通報されるケース」の詳細をホームページに掲載するなどして在米の日本人に注意を促している。米国の警察はまず安全を確保することを最優先しているので、親の言い訳や事情を考慮することはないという。

私の知人に、中学生のころ、学校の友達や知り合いの人に「親に虐待されている」と訴えたために、親と離れ離れになり、里親のもとで一八歳まで暮らしたという人がいる。お父さんは厳しくて時折、手を挙げる人だったそうだが、身体を傷つけられるという危険を感じるほどではなかったそうだ。思春期に親子関係がうまくいっていなかったことが引き金になり、「家で体罰されている」と学校で訴えたのだという。今でも知人は「叩かれているなんて大げさなことを言ってしまった。けれど、手続きが始まると、もう後へは引き返せないことになっていた」と話し、とても後悔しているようだった。両親は裁判で二年間かけて虐待はしていないとして争ったが、結局、息子を取り戻すことはできなかったそうだ。

小学生の子どもたちをベビーシッターが来る時間まで留守番させて、仕事に出かけたところ、ベビーシッターによって児童保護センターに通報された母親もいる。この家には里子もいた。育児放棄であったかどうかの調査に時間がかかり、二年近くの間、親子が離れ離れに暮らすことになったという。

小学生になった子どもたちに、子どもだけで遊ぶ時間を持たせてやりたいと私は思う。もちろん、安全と思えるところ、複数で行動すること、決められた時間に家に戻ることなど、条件はつける。

しかし、闇雲に実行するわけにはいかないのだ。私の「子どもだけで行動する楽しさを鬼ごっこができる年齢のうちに満喫してほしい」という、独りよがりかもしれない考えのために、警察に通報されたり、「育児放棄」とみなされては、家族全体が大きな傷を背負う危険がある。

どうしたらよいのか……………………………

私のなかにも本当に子どもだけで遊ばせて大丈夫なのかという疑問は、ある。それというのも、そろそろ子どもだけで遊べるようになってきたと感じはじめたここ数年の間に、どちらも私が付き添って遊んでいるなかで、病院のお世話になるケガを二度経験したからだ。

夏休みを利用して日本に里帰りしていたとき、公園で遊んでいた長男がブランコから飛び降りた際に、ブランコの「返り討ち」にあって、後頭部を三針縫った。

冬休み初日には、長男と二男と私とで家の近所で雪ソリをしていたところ、二男が雪ソリ用に組み立てられた防御ネットの支柱にぶつかり、頭を一〇針以上縫う大ケガをした。

私が付き添っていてもケガをしてしまったことで、しばらくは遊びに連れ出すのも怖くなった。子どもだけで遊ばせていたら、こんな緊急事態に対処できただろうか。兄弟のうちどちらかが、すぐに親を呼びに来ることができただろうか。

二男の傷をいつもお世話になっている米国人の先輩のお母さんに見せたところ「小学生のとき、従姉妹が同じようなケガをしたのよ。私、その子のお母さんがいるスーパーマーケットまで走って知らせに行ったの」と話していた。私がその話から受け取った情報は「大丈夫」という慰めとともに、「当時の小学生が、従姉妹のケガに、スーパーマーケットまで走って大人を呼びにいった」というものだった。

子どもが大ケガをせず、安全に遊べるように。何かあればすぐに親や大人を呼ぶことのできる距離で、近所の人に不必要に心配してもらうことなく、警察に通報されることなく、子どもだけで遊べる時間を持たせてやりたい。あきらめたくはないけれど、もちろん逮捕なんてされたくない。いったいどうすればいいのだろうか。子どもは、今日も明日も大きくなっていく。自分たちだけで遊んだこともない子どもらが、あっという間に車を運転できる一七歳や一八歳になって、あっちこっちへ出かけていく。

育児放棄と見なされないよう知恵をしぼり、子どもだけで何かをする楽しさや経験をさせてやるのにはどうしたらいいのか。工夫のしどころである。

Part.2
本当に危ないのか

警察や児童保護センターのお世話になることなく、子どもだけで通学させたり、遊ばせるにあたって、私の住んでいる街が本当に危ないのかどうか知る必要がある。アメリカは本当に子どもだけで行動させられないほど危ないのか。

私の米国暮らし一〇年間

私はこの一〇年間、米国中西部の郊外に暮らして怖い目に遭ったことはない。長男が産まれてからは、ときどき、仕事で深夜に帰宅する以外は、日が暮れてからひとりで出歩くことはほとんどない。しかし、気候のよい春から秋にかけては日中に近所の図書館や郵便局、銀行へ歩いていく。だいたい歩いて一五分程度の距離だが、不審者に声をかけられることも、危険を感じたこともなかった。家の近所は歩道が整備されており、街路樹が多くて、歩いていても気持ちがいい。ただ、信号のある横断歩道を渡るときは、車の運転手があまり歩行者に注意を払っていないのではと思われるときがあり「渡っていますよ！」とアピールするべく、運転手と目をあわし、ちょっと手を挙げることはあった。

アメリカに長く暮らしたためか、今では、日中の時間帯は日本にいるのとほぼ同じように「異国での危険」には、特に身構えもせず歩いている。日米で違いを感じるのは、日本の都市ならば、大通りならたいていは人通りというものがあるのだけれど、米国の郊外ではみな車で移動するので、歩いている人が少ない（ニューヨークのマンハッタンやシカゴのダウンタウンには歩いている人が相当数いる）ということだ。

歩行者はほとんどみかけないが、健康のためにジョギングしている人はいる。だから、冬の寒い日でも、気が向けば歩いて買い物へ行く私は、米国人からすれば「変わり者」にちがいない。近所の子どもから「車、持っていないの？」と聞かれたこともある。道を歩く人、とくに道を歩く子どもはほとんどいないので、車の運転手も歩行者に注意するという習慣が身についていないような気がする。私も他の運転手のことは言えず、アメリカでは家の近所でも高速道路でも運転しているけれど、日本では車の運転はしていない。歩行者と自転車が行きかう、道幅の狭い住宅地の道を車で走るのが怖いからだ。それに、日本の街中なら、自家用車を持っていなくても公共の交通網と自転車を使って、行きたい場所に移動できる。

私は日本では夜でも明かりのある都会にしか住んだことがない。子どものころから、夜道をひとりで歩くことに何の抵抗もなかった。

今も日本に一時帰国すると時差ボケの子どもを連れて深夜二時、三時に散歩することがある。しかし、米国に暮らして一〇年以上経つ今でも、アメリカでは深夜に歩き回ることだけはしていない。家の近所でもしない。住宅地では街灯がなく、他に人通りもなく、なんとなく怖いからだ。それに郊外の住宅地では、まだ日のある夏の夜ならともかく、日が暮れてから人が歩いていることはとても珍しいことなので（用事のある人は車を使う）、私が不審者扱いされることになるかもしれない。ただし、車に乗って、真夜中に二四時間営業のスーパーに行ったことは何度かある。

私は一九九八年に日本からロサンゼルスに引っ越してきた。大リーグなどのスポーツを取材して東京のデスクに原稿を送るのが仕事だ。プロスポーツの試合は、夕方から始まることが多く、深夜に仕事を終えて球場から家に帰ることが多かった。米国の大部分では「車で移動」が原則。自家用車に乗ってしまえば、夜道をフラフラあるく必要はないので、まず安全だ。銃の所持が許可されている銃社会とはいえ、戦場ではないから、銃弾のなかを車で走り抜けるような危険はない。

午前一時過ぎに、ニューヨークのブロンクスにあるヤンキースタジアムから、地下鉄に乗って、マンハッタンのホテルまで帰ってきたことがあった。そんな時間に一人で地下鉄に乗るのはやはり怖く、同業他社の先輩記者数人とともに地下鉄に乗り込んだのだが、視線がうつろな乗客が多いように感じ、無事にホテルまで帰らなければと妙に力が入ったものだ。

しかし、午後三時ごろ、球場に向かうときには、通勤・通学とみられる乗客が多く、ひとりで地下鉄に乗っても嫌な気分は全くしなかった。そういえば、二〇〇〇年のワールドシリーズはニューヨーク・ヤンキースとニューヨーク・メッツのサブウエイ（地下鉄）対決だった。夕方、道路は大渋滞している。当事メッツのピッチャーだったマイク・ハンプトンが地下鉄の車内にいた。彼は交通渋滞を避けるため地下鉄でワールドシリーズに通勤していた。

仕方なく危険と思われる状況に身を置いたこともある。

日本から出張して大リーグのキャンプを取材したとき、私はまだ二四歳だった。アメリカのレンタカー会社は二五歳以下の人間には車を貸してくれなかった。私はフロリダの小さな田舎の空港で途方にくれた。どうやってホテルまで行けばよいのか。翌日、同じ社のカメラマンと球場で合流することになっていたのだが、そのときは連絡先も分からない。空港の職員だった人が申し出てくれたので、車に乗せてもらってホテルまで行った。危ないことと思ったけれど、人通りのない田舎のこと、ホテルまで送っていってもらわなければ、空港のそばで野宿するしかなさそうだった。車中、私は緊張していたが、本当に親切な人で私はホテルに無事に到着した。翌日はホテルのそばにいた老夫婦に頼んで、球場まで連れていってもらった。

本当に危ないことという認識が私にもあったから、ずっと会社の上司や親には言わなかった。でも、ヒッチハイクで球場までたどりついて、多くの日本人が注目している選手を取材するというのは、とてもおもしろい日々だった。

仕事がら深夜に移動することが多かったため、その当時の私は、日本で暮らしているときよりも気をつけなければと思っていた。ただ幸いにして本当に怖い目にあったことはない。

今のところ私個人の身に危険な出来事が起こっていないことは、ただの偶然かもしれない。そのこととアメリカは危ないところではないというのは、イコールでつなげることはできない。

子どもだけで遊んでいると事件に巻き込まれるのか……………………………

私は子どもだけで遊ぶ時間を持たせてやりたいと思っている。しかし、仮に、子どもだけで遊ばせていると一〇人に一人の割合で、毎日のように犯罪に巻き込まれるなどとなれば、私も「楽しい外遊び」などとのんきなことは言っていられない。

私の近所の多くの住民たちは、子どもだけで一定の距離を歩かせることに不安を持っている。それは交通事故に巻き込まれる心配であり、誘拐など事件に巻き込まれることへの心配でもある。

私の知り合いは高校生の娘さんと小学校高学年の息子さんがいるが、お母さんが二人とも送り迎えをしている。息子はスクールバスに乗って通うことができるのだがバス停が大通りに面していて危ないという判断。娘さんに関しては「こんな世の中、とても歩かせられない」とのことだった。このお母さんが特別に不安を持つタイプの人というわけではなく、同じように感じている人は多いようである。「えー。あの大通りからバスに乗るの。家からちょっと離れているし、なんか怖い」と別のお母さん。そして、バス停まで男の子を歩かせている別のお母さんは「家からバス停まで四〇〇メートルもある。遠いわ。五分でも帰ってくるのが遅いととても心配で見に行くの」と話していた。

大通りには、幅二メートル程度の歩道があり、私には、バスの乗り降りには安全なように思える。地雷や爆弾が落ちてくることはない。四〇〇メートルの距離を歩くのは私にとっては何の苦痛もないし、日本の小学校高学年の子どもたちなら、なんなく歩ける距離だろう。

私は米国で生まれ育っていないので、他のお母さんたちが感じている「危なさ」に鈍感なだけかもしれない。

子どもだけで遊んでいると危ないことが起こるのか、本当に子どもだけで通学させるのは危険なのか、子どもだけで遊ばせる環境や条件を工夫するまえに客観的なデータが必要だ。

近くの公共図書館へ出向き、データベースで検索した。私が「安全」だと思っている、私の住む市はどのくらいの頻度で犯罪が起こっているのか。

二〇〇八年には人口七万八六〇二人の町で暴力がらみの犯行は年間一四四件、殺人はゼロだけれど、強盗が二四件、暴行が一七件ある。全米では二〇〇八年に殺人犯罪が一万六二七二件で、これは日本の殺人被害者を大きく上回るものだ。人口一〇万人あたり五・四件だ。

小学生は殺人の被害者になりにくい

全米年間犯罪数データの続きに殺人の被害者を年齢ごとに分けたデータがあった。二〇〇八年、一八歳以下の被殺人者一四九四人となっている。二二歳以下は三四六六人、一八歳以上は一万二二四五四人である（表1）。

私にとって予想外だったのは、五歳-八歳は七〇人、九歳-一二歳は七三人で二つのカテゴリーに属する子どもたちは、他の年代と比較すると、目立って被害者になる人数が少なかったことだ（もちろん、実際に被害にあった子どもや親たちにとっては、確率や数字など何の意味もない、いたたまれない事件でしかない）。

一三歳―一六歳になると四五二人になり、一七歳―一九歳で一三三六人、二〇歳―二四歳は、どの年齢別よりも数が多く二四二八人になっている。

日本でいえば、幼稚園の年長あたりから小学六年生までの年代が、最も殺人の被害者になりにくい。子どもたちが親や親の代わりとなる大人からしっかり監視されている年齢群だからこそ、殺人という犯罪に巻き込まれることが少ないと考えることができる。

けれども「大人の監視があるから一二歳以下の子どもは犯罪に巻き込まれにくい」

表1　米国2008年の
年齢別被殺人者

18歳以下	1494
22歳以下	3466
18歳以上	12,454
1歳以下	221
1歳－4歳	338
5歳－8歳	70
9歳－12歳	73
13歳－16歳	452
17歳－19歳	1336
20歳－24歳	2428
25歳－29歳	2136
30歳－34歳	1610
35歳－39歳	1204
40歳－44歳	1019
45歳－49歳	971
50歳－54歳	687
55歳－59歳	488
60歳－64歳	288
65歳－69歳	203
70歳－74歳	144
75歳以上	280
不明	232
被殺人者合計	14,180

http//fbi.gov/ucr/cius2008/index.html より

と言い切るには疑問がある。四歳以下の子どもたちは五五九人が殺人事件の被害者になっている。四歳以下の子どもにも親や大人が付き添っていれば、殺人の被害者になりにくいはずなのに、五歳から一二歳以下の子どもほど少なくない。一歳から四歳までは三三八人の子どもが殺されている。一歳以下の赤ちゃんは年齢の区切りからいくと最も人数が少ないはずなのだが、二二一人もの被害者がいる。

不慮の事故による死亡者数も含むのだとすれば、ヨチヨチ歩きの子どもが、小学生の子どもよりも事故に遭いやすいと考えられる。しかし、これは「不慮の事故」での死亡数ではなく「殺人の被害者」なのだ。それも「凶器」の横軸を見ると、人間が自分の肉体を凶器にして殺してしまっているケースが多い。手や足や拳骨で殺している。

幼い子どもゆえに、事故に遭いやすい、死亡してしまうという推測は交通事故死でもあてはまらない。二〇〇七年の交通事故死のデータでは、一四歳以下の子どもの占める割合は全体の四%（一四歳以下の人口は米国人口の約二〇%である）で一六七〇人。子どもの交通事故死は他の年代と比べると少ないが、子どものなかで交通事故死が多いのは八歳－一四歳という年齢群で約九〇〇人、続いて四歳－七歳という年齢群で約四〇〇人、四歳以下の子どもの交通事故死は学齢期の子どもより少ない。

手のかかる乳幼児ほど殺されやすいと考えることもできるのではないだろうか。

これらの統計からは殺人、交通事故死とも、事故発生時に「大人が付き添っていたかどうか」は不明だが、米国では赤ちゃんから高齢者までのグループのなかで、小学生の年代は殺人という犯罪に最も巻き込まれにくい集団であることは明らかだ。殺人によって死ぬよりも交通事故死している人数がやや多い。

年齢別でいえば、殺人の被害者になりやすいのは二〇代前半の人たちだ。二〇歳から二四歳で二四二八人、二五歳から二九歳までで二一三六人いる。もしも、自分の子どもを殺人事件の被害者にしたくないのなら、この年齢群こそ「親が付き添わなければいけない年齢」ということになってしまうのではないか。親の付き添いが緩やかになると考えられる一三歳から一六歳では被殺人者は四五二人で、小学生の被害者よりはずいぶんと多いが、それでも二〇代前半の若者の約五分の一程度である。

別の統計資料である二〇〇五年の米健康局による死亡原因別の統計によれば、五歳－一四歳では事故死二四一五人、殺人三四一人に対して、自殺者が二七二人いる。大人が子どもを不審者や事故など「外敵」から守ることに躍起になっている間に、これほどの自殺者が出ていることは私には大きな衝撃だった。

日米で同じ傾向が

日本から取り寄せた本を眺めていたら、日本でも学齢期の子どもよりも乳幼児の方が殺人被害者になりやすいようだ。『子どもが出会う犯罪と暴力』（森田ゆり著、NHK出版、二〇〇六年）に警察庁調べの昭和五〇年から平成一七年度までの幼児殺人被害者数のグラフが掲載されている。平成一七年度では、小学生以下の殺人・殺人未遂件数は七八人、小学生は二七人。私が小学生になった昭和五三年では年間に就学前の子どもが三五〇人以上、小学生が一〇〇人だった。

また『犯罪不安社会』（浜井浩一・芹沢一也著、光文社新書、二〇〇六年）では警察庁調べとは別の人口動態統計から加害に基づく子どもの傷害および殺人被害者を分析している。二〇〇四年度の〇歳−四歳以下の傷害・殺人被害者は六〇人弱、五歳−九歳は二〇人あまりになっている。一九八四年には〇歳−四歳の子どもが一八〇人以上、五歳−九歳でも八〇人以上が被害にあっており、ここでも、乳幼児ほど被害者数が多い。乳幼児のほうが、幼稚園の年長から小学生の子どもより、殺人の被害者になりやすいのは日米共通のようだ。

また、日米どちらでも子どもの交通事故死のほうが殺人被害者数をやや上回っている。

身内、知り合いの方が危ない

米国で殺人の被害者になった子どもたちは身内によって殺されているものが少なくない。五歳以下の子どもでは殺人被害者の六一％が親によって殺されているというデータもある。二〇〇九年度のデータにはベビーシッターなど世話をする人に殺されている子どもも二〇人以上いる。

これも日米で共通した傾向であるようだ。年齢別のカテゴリーがやや違うが、前掲した「子どもが出会う犯罪と暴力」によると平成元年から一七年まで、一三歳以下の殺人被害者の認知件数のうち加害者が被害者の家族である場合は、最も割合の高かった平成三年で八三・六％、最も割合の低かった平成一五年で五五・九％であるとしている。養父母を含む親や兄弟姉妹といった家族に殺されている子どもが被害者の半数以上から八割近くに達する。

誘拐

小学生が殺人の被害者になることは他の年齢層と比較すると、多くはない。誘拐はどうだろうか。私自身、どこで情報を得たのかはっきり分からないが、米国では「誘拐」が頻繁に起こっているらしい……と思っている。

『子どもと遊び』（仙田満著、岩波新書、一九九二年）には、ロサンゼルスでは誘拐の恐れがあるために子どもの遊びが制限されている様子が記されている。

金網つきのあそび場や学校の校庭が主なあそび場である。常に親の目が届くプライベートな庭、広場、そして家の中ということになる。空間的なゆとりと広がりがあっても、子どもたちはそれを使うことができない。親たちも、子どもがどこであそんでいるか、いつも気をつけていなければならない。あそび環境を、誘拐という犯罪がおびやかしている。

新聞の折込ちらしには毎日のように行方不明の子どもたちの写真が掲載されていて「この子を知りませんか」などというメッセージと行方不明の子どもを救う団体の連絡先の電話番号が記されている。行方不明になった日にちと場所や、目や髪の色などの身体的な特徴が付け加えられている。幼児期に行方知れずになり、すでに数年が経過している場合にはコンピューターによって処理された「現在はこんな顔になっているであろう」という写真も載っている。

米国の学校では、年に一度、アルバム作成などのために子どもひとりひとりを写真撮影することが多い。このとき、有料の追加オプションとして「ＩＤカード」作成のサービスがある。子どもの姿が見えなくなって捜査を依頼するときに、この写真つきカードがあると事件に巻き込まれる前に発見することの助けになるというものだ。

子どもたちがお世話になっていた保育所の写真撮影業者は無料でこのカードを作ってくれた。先生からこのカードを受け取るときには、親である私が受け取った証として受取書に署名した。警察や学校は子どもの姿が見えなくなった場合には、いかに迅速に対応できるかどうかが、無事に子どもを取り戻せるかどうかの分かれ目になるという。

誘拐は誰にでも起こりえるもの、それがアメリカ社会の考え方のようで、それを前提にして、託児所、保育所、学校や商業施設では危機管理がされている。

長男が一歳半ごろの出来事だ。シャツを買おうと量販専門店に入った。一瞬、目を離したすきに、子どもの姿が見えなくなった。私が少し探す素振りをすると、店員が走ってきて「シャッターを閉めましょうか」とたずねた。店のシャッターを閉めることで、不審者が子どもを店から連れ去るのを瞬時にして防ぐのである。私が店員に返事をする間もなく、息子はすぐそばの陳列棚の陰から出てきた。

しばらくして、私は友人から、そのまた友人の知り合いの話としてスーパーマーケットで買い物中に、親が目をはなしたすきに子どもが連れ去られ、すぐに発見されたのはよかったが、髪の毛が切られていたという「噂」を聞いた。捜査網を潜り抜けるため、子どもの特徴を寸時に変えたのではないだろうか、というのがママ友たちの「予想」である。この他にもディズニーランドで誘拐されそうになったなど、似たような誘拐未遂の噂話は他にもあるようで、どこまで真実味があるのか、都市伝説のようなものなのか、私にはよく分からない。

誘拐数を調べようと思って、再び図書館に行ったが、統計資料では「誘拐数」を算出するのはとても困難なこととされていた。「誘拐」＝「子どもがいなくなること」ではないからだ。行方不明者には、自ら家出したり、家庭内で虐待を受けている状況であったため逃げ出したり、恋人と駆け落ちしたりといった人たちが含まれている。行方不明の子どもたちの大多数が見知らぬ大人に連れ去られる典型的な「誘拐事件」

とは無関係であるという。

本人の意思と無関係に「連れ去られた」人のなかには、離婚などによって親権を失った肉親や身内が、子どもを「誘拐」したとして数えられているケースがある。国際結婚していた夫婦が離婚した際、相手の許可なしに、米国を離れて自分の母国で子どもと暮らすことを「誘拐」とみなすかどうかが話題になった。そのほかにも恋愛関係のもつれから相手を誘拐してしまうもの、知っている人に連れ去られるケースが含まれている。

資料はやや古いが、一九九九年に米司法省による未成年の行方不明者に関する大掛かりな調査が行われているので、それを参考にする。

米司法省が二〇〇二年に発表した（NISMART2）によると、一九九九年の一八歳以下の行方不明者（一時的であっても）のうち、典型的な深刻な誘拐は一一五人（うち六〇%は無事に戻った）だったとしている。典型的な誘拐として、子どもの全く知らない人が一日以上拘束する。五〇マイル以上（約八〇キロ以上）移動させる。永久に子どもを手元に置こうとする、子どもを殺すことも含むといった内容と定義している。

行方不明者（一時的であっても）のうち、家出は一六八万二九〇〇人、迷子は一九万八三〇〇人、警察がかかわったものなどは三七万四〇〇〇人。家族内の連れ去りは二〇万三九〇〇人。家族以外の人物による連れ去りは五万八二〇〇人。

家族以外に連れ去られた子どもの五九％は一五－一七歳。一二－一四歳は二二％。小学生以下は一九％だった。ここでも、高校生以上の子どもたちに被害者が多いことが分かる。小学生は親が付き添っているから安全なのだという推測もできる。その一方で、親の監視が緩やかになる一二－一四歳でも二二％で一五歳以上よりも三七ポイント少ないことから、親の付き添いのあるなしにかかわらず高校生以上の子どもたちの方が事件に巻き込まれやすいという見方もできるのではないだろうか。

家族以外で連れ去りをはたらいたのは友達、知り合い、隣人、ベビーシッターらが全体の半分で、不審者は四五％だった。被害者の男女比は男子三五％、女子六五％である。

親や保護者が「子どもが行方不明になっている」とした子どものうち、九九・八％がその後、無事に親元に戻っている。

あまりにも多過ぎる未成年の行方不明者の詳細を調査すると、そのほとんどは典型的な誘拐とは無関係であることが分かる。しかし、年に一〇〇件以上の「誘拐事件」

が発生している。子どもが見知らぬ誰かに連れ去られて二度と戻ってこない。そういう恐ろしく、悲しい事件は起こり得る。道路や公園や商業施設から連れ去られているという。

日本でも米国でも深刻な誘拐は起こる。しかし、身近で毎日のように起こる事件ではない。米国の深刻な誘拐一一五件のうち、殺害されるのに至ったのは約四〇％だとされている。米国の子どものうち、およそ一五〇万人に一人の割合で誘拐され、殺人に結びつく事件が起こっていることになる。

米国では子どもの防犯を論じるとき、毎年八〇万人以上や四〇万人以上の子どもが行方不明になっているというデータが押し出されているが、それは典型的な誘拐の数ではなく、行方不明者の数である。けれども「ミッシング・チャイルド」という見出しを、私も含めて親たちは我が子が不審者に連れ去られる光景に置き換えてしまっている。

私の住んでいる地域では、日本人駐在員の家庭が多く、その子どもらが通う学校の先生を対象に二週間程度、日本の学校で研修をしてもらうシステムがある。米国人の先生たちが日本の一般家庭にホームスティしながら主に小学校などを視察する。

その先生方の研修の報告を聴きにいった。一〇人近い先生たちの多くが「日本は安全です。ですから子どもは毎日、歩いて登下校しています。ホームスティ先の子どもは習い事にも歩いていっています」などとスライド写真を見せながら語っていた。

子どもが歩いて通学している姿が治安のよい安全な社会という印象を外国人の先生方に与えたのかもしれない。日本と米国では、確かに殺人や誘拐は米国のほうが多く発生しているけれど、親が車で学校へ送り迎えし、放課後、小学生が校庭で遊ぶときでも親が付き添っているアメリカの光景自体が、そこに住むアメリカ市民に対して「安心できない社会」というメッセージを発していることになるのではないだろうか。

Part.3 いつからこんな時代になったのか

時代とともに変わる子育て

私の住むミシガン州には、一二歳以下の子どもをひとりにしてはいけないという州の法律はない。ただ、ガイドラインとして一二歳以下の子どもには大人が付き添うよう薦めている。中流層が多く住む郊外では、大人の付き添いがなければひとりで登下校できず、校庭や公園で遊ぶこともできないのが、一般的なこととして毎日の暮らしに浸透している。

だからといって今どきの子どもたちは前の時代の子どもに比べて不幸とは言い切れない。子どもだけでの行動は制限されているかもしれないが、道を歩くたびに銃声に怯えることはない。米国の貧困層で暮らす子どもの数は増えていて、これは、米国内でも社会問題となっているが、それ以外の多数の子どもたちは、寒さで凍死する危険や食べ物に飢える生活とは無縁である。働くために学校に行くことができない子どもも、ここにはいない。この原稿を書いている近所の公共図書館の窓からは、よく刈り込まれた緑の芝生と、通りを流れるように走る車、授業中らしき静かな中学校が見える。気温二〇度の晴天で光景は平和そのものだ。歩行者はいない……。どの時代にも暮らしにくさや育てにくさはあり、それと表裏をなすようにして、その時代の良さがあると思う。

「子ども時代」……………………………………

昔は「子ども時代」という概念が希薄だった。印刷が発達しておらず、庶民の暮らしに読み書きが入り込んでいなかった一五〇〇年代は「子ども時代」という考えは定着していなかったという。子どもであるからといって、読み書きを習うために学校へ行く必要がなかったからだ。大人と子どもの区切りはあいまいで、家事や仕事の戦力になるかどうかが、子どもと大人の違いを線引きするうえで大きな目安となっていた。仕事を手伝うことができない子どもは、おおよそ四－五歳までの乳幼児とみなされていたらしい。五歳という年齢は現在でいうと幼稚園の年長、米国ならばキンダーガーテンという学年で小学校の校舎で勉強を始める年齢である。彼らは着替えやトイレに行くことなどが、大人の助けなしにできて、大人の指示にも従うことができる。働くことのできる年齢に達した子どもたちは、守られるだけの対象ではなく、暮らしを支える側に立つ。

膨大な資料で米国の子どもの歴史を記した『Huck's Raft』（Steven Mintz, Belknap Press of Harvard university press, 2004）によると、米国で今日の概念に連なる「子ども時代」という考え方は、一八〇〇年代はじめごろ、中流家庭から定着していったという。約二〇〇年前ごろから、家庭内での作業が減少し、経済的にゆとりのある中流家庭では子どもを働かせる必要がなくなった。一八〇〇年代に入るころから一部で産児制限する動きが出始め、それが国中に広まっていった。それ以前にはひとりの女性が七人－一〇人の子どもを産んでいたが、一八五〇年には一家族が産む子どもの数は五人になっている。親がひとりひとりの子どもに費やす時間が増えた。子どもは小さな大人ではないという考えが広まり、子どもとしておもちゃを与えられ、学校へ通い始めるようになった。

一方で一八〇〇年代の農村や初期の工業化社会では、子どもはまだ貴重な労働力であり、教育を受けている子どもたちの人数は多くはなかった。労働力とみなされ、教育を受ける機会を得られない子どもたちがまだ多くいた。労働力を期待され、養子として引き取られるケースもあった。これが一九〇〇年代、二〇世紀の「子どもを救う、子どもを守る」という流れを生み出した。どの子どもにも教育を受けさせること、労働から解放することを目的とした。児童心理学者の登場により、心の成長にまで注意が払われるようになってきた。一九五〇年代には子どもの遊びの権利を保障する組織が誕生している。

子どもに労働させてはいけないという考えは今も根強い。私の子どもたちの通っている小学校には掃除の時間がない。だからといって、散らかし放題で帰るわけではなく、教室内の片付けはする。しかし、ほうきやモップを使って教室内や廊下、トイレを掃除するのは用務員の仕事で、その仕事は子どもたちが下校した夕方から深夜にかけて行われている。

防犯・安全パニックの時代

子どもの概念は時代によって変化してきたが、親はいつの時代も子どもの健やかな成長を願うもの。親は子どもの心身や将来への不安を強く感じるとき、パニックになりやすい。私自身は、子どものひとりが言葉の遅れを指摘され、市の発達検査を受けることになったときに頭が混乱した。ひとりひとりの子どもの成長に関する個人的なパニックのほかに、最近では新型インフルエンザのような感染する病気が流行したり、子どもを巻き込んだ凶悪事件が発生すると集団や社会ごとパニックに陥りやすい。

『Huck's Raft』にはアメリカでは定期的に子どもに関するパニックが繰り返されているとしてある。米国の中流家庭を築いた親たちは、子どもたちが何らかのつまづきにより中流の立場を繰り返すことができなくなるのを不安に感じる。それがパニックの背景にあるとしている。それに、一家庭の子どもの数の減少が親の不安に拍車をかけた。子どもひとりひとりの生きていることの重さが増し、それぞれの子どもが成功することの期待が高まった。

一九五〇年代にはポリオの大流行で親たちがパニックになった。

一九七〇年代から一九八〇年代では、一〇代の妊娠や青年期の暴力、学業不振などに関するパニックが起こった。『Huck's Raft』によると、これらは家族崩壊、薬物、米国の国際競争力低下の不安が反映したものだという。子どもそのものは時代によって大きく変わっていないとしても、その時代の社会問題や親の不安が、新しい子どもの問題を認知して、生み出していく。

今の時代は「防犯・安全パニックの時代」だと私は感じる。

昔は病気のために乳幼児を失うことは少なくはなかったが、今は予防接種や医療の発達、清潔な衛生環境のおかげで、ずいぶんと病気を防げるようになっている。室内で事故を防ぐための工夫もすすんでいる。車にはチャイルドシートが取り付けられ、家庭内での事故につながりやすい家電製品も改良されてきているし、乳幼児用の柵や引き出しをロックさせるようなグッズも出揃っている。

米国の一九七〇年代、八〇年代のパニックの原因だった一〇代の妊娠は、次第に親や社会が十代の性行為を黙認するようになってきたことと、性教育などの効果があったのか、十代の妊娠数、中絶数ともわずかながら減ってきている。

米国の学業不振に対応するべく、子どもたちが学校で過ごす時間が増えている。外遊び時間は減少し、家庭学習に費やす時間が増え、子どもたちが勉強や宿題ではなく、楽しみとして読書する時間も増えているのが最近の傾向である。

しかし、子どもを育てる親が、完全に安心した気持ちになることはない。子どもが大きなケガをする、病気をする、死ぬかもしれないという不安があるから、人間はここまで子どもを育ててくることができた。

『安全。でも、安心できない…』（中谷内一也著、ちくま新書、二〇〇八年）には次のように記されている。

人が一〇〇パーセント何らかの理由によって死ぬ存在であることが変わらない限り、私たちが心配し、安全性を高めようとする領域は決して消滅することはない。次から次へと多方面の警戒心を維持し、不安という感情を機能させて生き残ってきたのが今日のわれわれ人類であるのだとすれば、宗教や薬物や催眠術にでも頼らない限り、いくら安全性を高めようとも、完全に安心した状態などは達成できないのではないだろうか。

子どもには予防接種をうけさせて病気から守り、学業不振に陥らぬように家庭でも勉強させ、一〇代の子どもが望まぬ妊娠をせぬように性教育をしてきた。薬物依存やアルコール、たばこの害は小学校低学年のころから学校で学習する機会がある。そこで親たちの不安は、犯罪や事故からいかに子どもを守るかに移ってきたのではないだろうか。

夫は一九七三年に米国中西部で生まれ、同じ州内を転々としながら現在に至る。子ども時代に親に付き添われて遊んだ記憶はないという。家から学校まで近かったので、兄弟姉妹で歩いて学校へ通い、昼食時にはいったん家に帰って昼ごはんを食べ、午後からの授業のためにまた学校へ戻っていたそうだ。

学校が終わった後も、家のまわりで兄弟や近所の子どもたちと遊んでいたらしい。サマータイム制になっていることもあり、この地域の夏は午後九時ごろまで明るいのだが「小学生のころは、ときどき、九時ごろまで外で遊んでいたことがあったけど、そのことで近所のひとから注意されたことはない」と話している。

夫ひとりの話だけでは心もとないので、近所に住むアメリカ人の「ママ友」にも聞いてみた。「私が子どものときは、子どもだけで遊んでいたのよ。友達の家まで走っていって、ドアをノックして〝遊べる？〟とか聞いて遊んでいたのよ」と話していた。

とても明るい人柄で、同じ年代の子どもを持つ近所同士、家族ぐるみの付き合いをしている。

しかし、時代の経過に伴って違う体験談が出てくる。別のママ友は東欧出身で、米国で三人の子どもを生んで育てている。一番上の子どもは大学生になっている。「私、上の子が小学生のとき、グラウンドで遊ばせていたことがあったの。もちろん、あのあたりにいるなということは分かっていたんだけれど、まだ下に子どももいたしね、すぐ近くで子どもの様子を見ているわけではなかったの。たまたまパトロールに来ていた警察の人に注意されたわ」と話していた。

日本でも有名な子ども番組「セサミ・ストリート」は長寿番組で、放送開始から四〇年が経っている。この番組の番組創生期と今とでは安全に関して子どもに発するメッセージがずいぶんと違うのだ。

この番組の初期一九六九年－七四年の番組内容を編集して「昔の子ども向け」というキャッチフレーズで販売されているＤＶＤがある。ここでは子どもたちは大人の監視なしに遊び、道をゆく見知らぬ人とも楽しそうに会話をしている。幼稚園から小学校低学年と思われる子どもたちが、ゴミ捨て場や工事現場で、土管をくぐったり、板を切る作業途中のかなり高い台の上を平均台がわりにして遊んでいる。一番小さな子はうまくできずに失敗して転んだり、空き缶につまづいてゴミの山の中に埋まってしまっていた。撮影用だったとしても、腕白な遊びぶりは相当だ。DVDの冒頭には「これらの初期のエピソードは大人向けであって、今日のプリスクール（未就学児）に必要なものとは合っていません」というアナウンスが流れる。

最近の内容は子どもが家事などを手伝うときには「大人に付き添ってもらってしまょう」というメッセージになっていることが多い。

いつから、子どもだけで遊ぶことが減ってきたのか。一九八〇年代前半ごろから、子どもだけで道を歩いたり、遊んだりすることが当たり前のことでなくなってきたのではないかと推測する。三〇年前には子どもだけで遊ぶのが一般的だったが、一〇年前にはすでにその光景は消えていたといっていいのではないか。一〇年前の子どもなら、私にも実感がある。

私は一九九八年から二年間、ロサンゼルス郊外の米国人家族の豪邸の一部屋を間借りしていた。その家には三人の子どもがいて、当時一三歳、一一歳、九歳だった。私に間借りをさせてくれるほどに大きな敷地の家は塀とフェンスに囲まれている。隣近所も塀とフェンス、ゲートといった門構えが基本のようだった。この家の庭には野球のマウンドとバスケットボールのゴールがつけられていて、裏庭にはプールとジャグジーがあり、その中では子どもたちは自由に過ごしていた。しかし、勝手に出かけることは許されず、夏休みともなると、子どもたちは父親や母親に「車で友達のうちまで連れて行ってほしい」とか「友達に電話して、うちまで来てもらってよ」などと何度も、何度も頼んでいた。近所にアイスクリームを買いに出かけることもできない。時には私も懇願されて「仕事に行く前にあの店まで連れて行って。すぐに買い物をすませるから」とねだられた。

私が下宿していた当時九歳だった末の男の子は、二〇〇七年に全米ドラフト二位で大リーグ球団と契約し、今はメジャーリーガーである。彼の野球を通じての友達で、よく家に遊びにきていた男の子も下位であったがドラフトで指名された。

彼らがドラフトで指名されたとき、地元紙の取材に応えて「子どものころは、ただ野球が好きで暗くなるまで外で野球をしていたよ」と答えていた。

しかし、暗くなるまで野球をした彼らの子ども時代、つまり一九九〇年代後半は、彼らの親がユニホームに着替えさせ、子どもを乗せ野球道具と練習後に食べるおやつを車に積み込んで、グラウンドまで連れていき、暗くなるまで野球をする子どもを見守っていたのである。ただ、グラウンドに子どもが自然と集まり、暗くなるまで野球をしていたのとは違う。在宅で仕事をしていた父親と、早朝勤務で午後四時に帰宅した母親は、子どもの送り迎えに大忙しだった。カレンダーには三人の子どものスポーツの予定がぎっしり書き込まれていて、その予定に沿って、父親と母親が運転手として動いていた。

どうやら一九八〇年から九〇年ごろにかけて「安全・防犯パニック」を引き起こす事柄があり、子どもの安全対策を強化する傾向が強まったのではないだろうか。ミシガン大の調査によると、小学生の子どもたちが、組織化されていない遊びをする時間は一九八一年から一九九七年のうちに週に五二時間から三二時間になり、三七％減少したという。

前述の『子どもと遊び』にも、一九八七年にロサンゼルスの子どもの遊びを調査したときの様子として「調査して驚いたのは、ダウンタウンであろうと、郊外住宅地であろうと『犯罪』が子どもの遊び環境に大きな影を落としていることだった。その犯罪とは誘拐である」と書かれている。一九八〇年代後半にはすでに子どもたちが自由に遊べる状況ではなくなっていたようだ。

一九八一年にフロリダ州ハリウッドのショッピングモールで子どもが誘拐されて、殺される事件があった。もちろん、子どもが誘拐される事件はこれ以前にもあるのだけれど、この事件が特徴的だったのは被害者の父、ジョン・ウォルシュがたびたびメディアに登場し、親たちに子どもが誘拐される危険を説いたことだった。「この国は手足を切断されたり、首を切り落とされたり、レイプされたり、絞め殺される子どもであふれている」と発言した。『アメリカは恐怖に踊る』（バリー・グラスナー著、草思社、二〇〇四年）では、このジョン・ウォルシュは、最初に社会の関心を子どもの誘拐に向けた人物であるとしている。

何が変化したのか①――マス・メディアの力

一九八〇年代に子どもの安全が強調され、子どもだけで外で遊ばせない傾向が強まったようだ。それが子育ての原則となっていったのはいくつかの理由が重なったように思える。

テレビを中心とするマス・メディアの力は大きい。テレビを視聴することはアメリカ人の生活の一部として根付いてきた。一九八〇年ごろには、ケーブルテレビが普及し、テレビの歴史のなかでひとつの変化があった。ケーブルテレビは多チャンネルで、だいたいのチャンネルで二四時間放送している。スポーツ専門局、天気予報専門局、ニュース専門局、映画専門局などと多様だ。しかし、多くのチャンネルで長時間放送するからといって放送するべき内容が急に増えるわけではない。一定の時間、同じ内容を繰り返しているチャンネルが多い。新しい内容が放送されると「オール・ニュー・エピソード」などと華々しく宣伝している。

ニュース番組では「ライブ放送」として、何か事件が起こったときは、長時間現場から生放送していることがある。子どもが行方不明になったときも、行方不明になった子どもの家や、行方不明になった場所などがずっと映し出されている。子どもの行方を捜す親の様子を見ていると、多くの親は自分の立場に置き換えて不安になってくるのではないだろうか。

ある朝、テレビをつけると子どもが行方不明になったというニュースが流れていた。今、子どもを連れ去った疑いのある車を調査中であるとして、連れ去られた子どもと車の特徴をしゃべりつづけている。それが、親権を持たない親や身内による「連れ去り」なのか「家出」なのか、見知らぬ人間による深刻な「誘拐」なのか、その放送時点では明らかになっていない。テレビでは「見かけた人は電話をかけるように」と呼びかけていて、一時間以上も同じ内容が繰り返されていた。私は「とにかく早く見つかってくれれば」と思いながらも、テレビを見続けるのが苦しく、スイッチを切った。家の外はいつもと同じように何事もない日常の風景だが、テレビの前に座っていると、とんでもない事件があちこちで始終起こっているように感じる。

先に述べた誘拐殺人被害者の父ジョン・ウォルシュが何度もテレビに出演し、危険を訴えたのも、ケーブルテレビの普及と無関係ではないはずだ。

研究者のなかには、親が犯罪を恐れて子どもを外で遊ばせるのを避けるようになったのは、テレビの報道を中心として、子どもが誘拐されたり、殺されたりする事件が中立を欠いた視点で、視聴者の不安をあおるよう報道されているからだと主張している人がいる。一部の新聞や雑誌などの印刷メディアで、子どもが被害に遭う犯罪は減少していることが伝えられるが、その情報の伝達力は弱く、テレビの報道で不安に陥った親の子育て方針を再考させるものにはならないようだ。

ケーブルテレビの普及期と重なって、一九八〇年代には犯罪発生件数や犯罪率などの数字が広く伝えられるようになった。

一九八九年九月七日付けのパーム・ビーチ・ポスト紙には行方不明の子どもたちを追跡しているナショナル・センター・オブ・ミッシング、エクスポィテッド・チルドレンの広報担当者が次のような発言をしている。子どもに関する犯罪統計の比較はとても難しいとしていて「子どもが巻き込まれる犯罪の認知が増えたことが、報道や一般の気づきの増加につながっているのではないか」と話している。

何が変化したのか②——働く母親の増加

一九七〇年代後半ごろから米国では働く母親が急激に増加した。一八歳以下の子どもを持つ女性で働いているのは、一九六〇年には二八%だったが、一九七〇年には四〇%になり、一九八〇年には五四%、一九八五年には六一%、一九九五年に七〇%に達し、それ以降はやや増加気味の横ばいにとどまっている。

働く母親が増えると、子どもは親の付き添いなしでひとりでいる時間が長くなる。自分で家のカギを開けて、親の帰宅まで子どもだけで過ごす「かぎっ子」があらわれた。働く母親が増えると子どもがひとりで過ごす時間が長くなる。しかし、このことが逆に子どもを常に大人の監視下に置くことにつながったのではないだろうか。

家から離れた職場で働く母親たちは、学校から帰った子どもがひとりで過ごしていることを、不安に感じる。自分が外で働く間、誰か子どもを見守ってくれるといいのだけれどと思う。最初はそれが近所の人であった。しかし、そのうち近所の人、近所の子どもの母親も働くようになった。それに近所の子どもが自分の家でケガをすれば責任を問われる。他の子どもを見守る責任を負うのを避ける傾向が生まれ、隣近所には頼れなくなってきた。

そこで放課後のチャイルド・ケアが必要になってきた。一九八〇年代に入ると下校後の小学生を預かる組織が増えてきた。これで保育園を卒園した子どもを持つ親も安心できる。放課後のチャイルド・ケアが整備されることで、子どもは大人の目のあるところで遊ぶということが、親が在宅の場合でも、次第に当たり前のことになっていったのではないだろうか。チャイルド・ケアに行っていない子どもでも、親が仕事から帰宅するまでの時間をベビーシッターや祖父母と過ごしている子は多い。高校生や大学生が、学校が終わってからアルバイトとして小学生に付き添っている。

一九八〇年代以前、親のうちのどちらかやそれに代わる大人が家にいる場合の方が、家の近くなら子どもだけで遊ばせることができたのではないだろうか。万が一、子どもがケガをしたときでも、親が家にいれば、すぐに駆けつけられる。「だいたいあの当たり」で、どんな友達と遊んでいるかの見当がついたから、子どもだけで外で遊ばせることができたと感じる。

私自身も仕事の都合で子どもたちをチャイルド・ケアに長く預けていた。チャイルド・ケアについては後ほどふれるが、今では唯一の異年齢遊び集団ではないかと思っている。限られた場所内での活動で、時間割のようなものもあるが、放課後に十分に友達と遊べない子どもにとっては、チャイルド・ケアに遊び友達がいるメリットは大きいように感じる。

ここ一年間は、これも私の仕事の都合で預けていない。なので、子どもは学校から帰ってきたら家のまわりか、近所の友達の家のまわりなら子どもだけで遊びに行ってもよいことにした。しかし、子どもらはなかなか遊び仲間を見つけることができない。一軒は共働きでチャイルド・ケアに行っているため、家全体が留守。もう一軒はベビーシッターのお姉さんがたくさんの子どもの面倒を見るのは無理（彼女の仕事の範囲外）とのことだった。さらに別の家に行ったのだが、友達の母親から「こんなところ

（約五〇〇メートル）まで歩いてきたら危ない」と叱られたらしい。近所の子どもたちとも遊べない日が多い。

日本でも同じような傾向はあるだろう。塾や習い事の予定が入っていて、友達と遊ぶため家まで誘いに行っても、いっしょに遊べる友達がいないということになる。米国は一軒の家の敷地が広いので、数軒先の家は、一〇〇メートルも離れていて、子どもの徒歩圏内の友達の数は限られてくる。日本でも少子化のため、ちょっと外に出れば、遊び友達がたくさんいるという状態は減ってきているだろう。

だからといって、母親が外に働きに出るようになったのが「悪」などとは、私は決して思わない。母親が家庭にとどまることなく「仕事」であれ、「奉仕活動」であれ、家族以外の人たちの役に立つことは母親自身にとっても、社会にとっても重要だと思っている。ただ、気づかないうちに、平日の日中の住宅街の雰囲気とでもいうものが変化したのではないかと考えられる。学校に上がる前の子どもたちが日中、家のまわりで遊ぶ姿もあまり見かけない。両親とも働いていて日中は保育園に行っている。通園や、外出はだいたい車なので歩いている姿も見かけない。気候のよい週末の日に家の前で遊ぶ姿を見て「この家に、こんな小さい子がいたんだ」と初めて気がつく。

働く母親たちは、子どもと接する時間が十分にとれていないのではないかと考えがちだ。社会からもそのようなメッセージが発信されている。だから、自分が家にいるときは遊びに付き合おうということになっているのも、親がつきそって遊ぶことの一因のように思う。一九八〇年代以降、子どもが親と過ごす時間は増えているという。

何が変化したのか③——世代間の特徴

一九八〇年代以降に生まれた子どもたちの親の多くは戦後のベビー・ブーマー（ここでは一九四三—一九六〇生まれ）である。このベビー・ブーマー世代は子どものころ自由の恩恵を受けて育ってきたとされている。ベビーブーマー世代の親はG・I世代（一九〇一—一九二四年生まれ）でお互いの子どもを見守る地域を作り、子どもは規則なしに外で遊びまわることができた。子どもに義務を押し付けることを減らす一方で、子どもに様々な権利を与えた。そのベビー・ブーマー世代が親になり、自らの受けた自由を否定的にとらえはじめた。一九七〇、一九八〇年代には、一〇代の望まない妊娠や青少年が薬物を使うことなどが社会問題となった。子どもに自由を与え過ぎ、社会から守ることがなかったために妊娠や薬物がティーンエージャーに蔓延したという反省があるようだ。また、このベビー・ブーマー世代は一般家庭にセキュリティシステムを導入した最初の世代であるとも言われている

何が変化したのか④——政治的背景

親たちの子どもが被害に遭う誘拐や殺人に関する心配は、いっときのパニックに止まらず、政治家たちを動かす力となった。一九九〇年代に入ると、子どもを守るための数多くの法律が作り出された。親の子どもに対する不安と、国や州での政治が「子どもの安全・防犯」を強化した。

『Millennials Rising』(Neil Howe and William Strauss Vintage 2000) は世代間による子育てや子ども時代の様子を調査をまとめた本だ。これによると、一九九〇年代の米国の指導者たちは子どもたちを助けるためにお金を使おうと動いたのである。一九九〇年代前半は政府が子どもにお金を使った時代で、ひとりあたりの金額の増加割合は老人に使われる金額増加の約二倍になったという。子どもにお金をつぎ込むときにキーワードとなったのが「安全」であった。外の世界の危険から子どもを守ることと、子どもの内面の危機から子どもを守ることであったとされている。

これと同じ時期に子どもを犯罪から守るための法律ができた。誘拐をされて殺害された子どもや、暴行を受けて殺された子どもの名前をつけた法律が次々と作られた。この時期に作られた法律には、性犯罪の前科者を追跡するメーガン法、子どもが誘拐されたときにすぐに不審者情報を伝え、誘拐解決につなげるアンバー法、ジミー・ライス法などがある。メーガン法に署名した当時のクリントン大統領は「万が一、あなたが子どもを犠牲にしようとするならば、この法律はあなたの行くところどこにでも着いていく。州から州へ、街から街へ」と述べている。

一九九八年六月のワシントン・ポスト紙が調査したところによると、一九九六年からの一年半の間で被害者の子どもの名前をつけた法律が州議会単位では五〇以上通過した。

何が変化したのか⑤——虐待防止法

子どもを虐待することと、子どもが子どもだけで遊びにくくなったことは何の関係もない。しかし、子どもだけの状態にすることが、状況や条件によっては育児放棄とみなされることがある。犯罪や事故に巻き込まれることはいつでも、誰にでも、起こることだとすれば、子どもだけの状態にするのは危険なことになる。

一九六〇年代に小児科医によって、親によって傷つけられている子どもの特徴が明らかにされた。子どもの虐待や育児放棄が社会問題となり、世論やマスメディアに後押しされて、一九七四年に「児童虐待の予防と治療に関する法律」が成立した。八〇年代に入ると米下院が子どもの虐待を防止するべくより力を入れるようになり、防止のために親や家族を支援し、実際的なプログラムを作り始めた。八三年四月には初めて米国子ども虐待防止月間が宣言され、ずっと続いている。

子どもが虐待や育児放棄から守られるのはとても喜ぶべきことだ。しかし、その副産物として、子どもだけの状態にしておくのは育児放棄につながるという考え方も人々の中に定着してきた。

かぎっ子の誕生から消滅まで

近所の図書館に『Latch Key Kids』という一九八六年発行の本があった。「かぎっ子」という意味である。二〇年以上前に作られたこの本は、ひとり親や共働き家庭で子どもをかぎっ子にする際の対策が書かれている。放課後のチャイルド・ケアを地域に設立するためにはどのような働きかけが必要か、もしも、放課後のチャイルド・ケアが地域に存在しない場合や、その費用を支払えないためにチャイルド・ケアに通わせることができない場合にはどうすればよいかが書かれている。

この本では、子どもは常に大人に見守られていなければいけないことを前提としているが、母親がフルタイムで働いているためにかぎっこになっている子どもたちのなかには、そのことによって他の子どもよりも責任を持つことや自立することにおいてより発達がみられるとしている。

その一方で留守番時間のルールを定めることが重要であるとし、家に帰ってかぎを開けて中に入ったらすぐにかぎを閉めることなどを重要事項として挙げている。子どもだけで留守番しているときには、外から人を、たとえ友達であっても中に入れないようにし、子どももひとりで外へ出ないようにするなどが例として挙げられている。子どもが家に帰ったのを確認できるよう、親が決まった時間に電話で連絡を取る方法が提案されていた。また、五歳の子どもを下校時から母親が家に帰るまで留守番させるのは、その年齢の幼さから、育児放棄や虐待に当たるものと指摘している。

この本が書かれてから二〇年以上が経過した今、私の近所では小学生のかぎっ子を見かけたことがない。現在、全米の小学生でかぎっ子の状態にあるのは全体の一〇％以下で、子どもだけでいる時間は五〇分以内というデータがある。ほとんどの共働き家庭やひとり親家庭では放課後チャイルド・ケアか、ベビーシッターとともに親の帰りを待つ。

かぎっ子に関する最近のいくつかの調査ではかぎっ子に有利なデータは少ない。小学校低学年からかぎっ子を長時間経験している子どもは、学業成績不振に陥りやすく、高学年になって社会性や態度などの問題が増幅する傾向があるとしている。一方で、高学年からかぎっ子になった子どもは、かぎっ子でない子どもとの有意な差は見られないそうだ。また、親の見守りがない中学生は、飲酒や喫煙の問題が、そうでない子どもよりも多いとしている。かぎっ子のなかでも一人で留守番するように言われているる子どもの方が問題は少なく、仲間と出かけることを許している子どもの方が飲酒や喫煙を経験することが多いという。

私はかぎっ子を見かけないが、子どもに短時間の留守番をさせている人は皆無ではない。全米でかぎっ子をしているのは一〇％足らずの子どもだ。しかし、防犯上の理由から「かぎっ子」であることを隠したり、かぎをカバンの中に隠して「かぎっ子」

をしている子どももどこかにはいるかもしれない。

公的な機関は「子どもの留守番」をネガティブなものとしてとらえているようだ。親の監視なしに過ごすことでどのようなマイナス面があるかは繰り返して伝えられる。どちらが、より安全かを議論すれば、親の監視なしに遊ぶことにも、かぎっ子にも勝ち目はない。

Part.4
責任者出てこい

米国社会の特徴

私は子どもが大人の監視なしに遊べなくなったのは一九八〇年ごろからではないかと考えているが、この時代の流れに伴う変化のほかに、米国の社会の特徴が「子どもの遊びに大人が付き添うこと」をより促しているように感じる。①訴訟が盛んである、②車社会であるということだ。

アメリカは訴訟社会だ。裁判所は一部の人のものではなく、一般市民が法律に公正を求めて利用するところである。テレビのコマーシャルや新聞広告にも弁護士が頻繁に登場する。「職場でのケガや、交通事故で泣き寝入りしていませんか。私たちが味方です。お電話ください」などと宣伝している。

特に一九六〇年代ごろから、個人の権利を守るための法律が施行されるようになった。事件や事故があると、誰に、どのくらいの非があったのかその責任を追及し、償いを求めるのが常である。だから、子どもがケガをしたり、事件に巻き込まれるとそれを防ぐことができなかった責任を裁判で問われることになる。そして、責任を負う側はできるだけ子どもが事故や事件に巻き込まれないよう、責任を負う事態が発生しないように努力する。それが子どもだけで遊ぶ機会を減らすことにつながっている。

子どもに対しての法的責任がつきまとう

テキサス州で一三歳と六歳の子どもが留守番中に強盗に狙われる未遂事件が起きた。一三歳の姉が機転を利かせて、警察に通報することで事なきを得たが、姉の機転が讃えられるとともに「子どもだけで留守番させていた」ことが非難された。この事件を担当した地元の警察官は「どんな場合でも、子どもが事件や事故に関わっているとき、そこにはいつでも子どもに対しての法的な責任が発生します」と話している。

子どもが大ケガをしたり、事故や事件に巻き込まれるとたいていの親は冷静ではいられない。子どもがこんな状態に陥ったのは誰の責任であるか追及したくなる。その感情に日米で違いはないだろう。本来、子どもを保護しているはずの親によって、子どもが傷つけられたり、放っておかれたときには親の責任が問われる。被害者が大人である事件よりも、自分の身を守る力の弱い子どもが巻き込まれる事故や事件のほうが、責任を追及する声は大きくなりやすい。

『「責任」はだれにあるのか』（小浜逸郎著、ＰＨＰ新書、二〇〇五年）によると、まずある事態が起こったことが感知され、それによって当事者は混乱し、自己喪失感情や共同性の崩壊感情に見舞われる。この感情は収拾されなくてはならないので、その結果として、私たちの意識のなかに、過去にさかのぼっていってその事態の原因者を特定したいという要求が湧き起こる。その志向性こそが、責任概念の成立を要請する。

子どもに何か悪いことが起こると、親は混乱する。自分の身に何かが起こったときよりも混乱する。その事態を引き起こしたのが誰なのか特定したくなる。親である自分さえ注意をしておけばと、自分が原因だったと責めることもある。

私の住む州の州法では、親が子を養育する義務が謳われている。一二歳以下の子どもに親が付き添うことは明文化されていないが、幼い子どもを親の付き添いなしに遊ばせたり、留守番させることは養育の義務を果たしていないとされることがある。警察は子どもが危険な状態に置かれているとみなしたときには、子どもの安全を確保するため親を逮捕する。その親のとった行動が育児の放棄であるかどうかは裁判所で裁定される。

親でなくても、大人の子どもに対する責任は小さくない…………………

私の住む市の公共図書館にも法律の部厚い辞典類が並んでいる。その辞典類に混じって、一般向けに書かれた比較的易しい内容の法律書がある。弁護士でも、保険会社でもない、一般の人たちが訴訟を起こしたり、起こされたりしたときに参考にするといった類の本である。

住民なら隣近所や地域の子どもたちに一定の責任を果たさなければいけないことが法律で定められている。子どもに興味を持たせるような有害なものを所有している場合、その持ち物で子どもがケガをしないよう防止する義務がある。たとえば、自分の持ち家に、芝刈り機（アメリカの郊外の家はたいてい芝をしいた小さな庭がある）や車、階段、はしご、プールなどがあるとする。これらは子どもにとっては魅力的なものであり、また子どもがケガをする危険のあるものでもある。所有者は子どもが危険なものに触れないよう管理をし、プールのまわりにはフェンスを作って子どもたちが近づかないようにするなど工夫をしなければいけない。

暑さが厳しいため一戸建てやアパート内にプールが設けられていることが多いアリゾナ州のある郡では、人が直接、プールに近づけないようにフェンスなどで囲むことが義務付けられている。

自分の土地に子どもが遊び（侵入？）に来ることが想定されているのに、危険な物を危ないまま放置していると、他人がケガをした場合裁判で責任を問われることになる。自分の土地にあまり子どもが遊びには来ず、危険な物もしっかりと管理してあるのに、どこからか子どもがやってきて屋根に上って、落ちてケガをしたという場合は責任を問われないようだ。危険を認識できない子どもの年齢は一四歳としている判例と、一六歳としている判例があるという。

だから、隣近所の庭までちょっとはみ出して遊ぶということはあまりできない。日本でも近所の子どものうるささに頭を悩ませ、子どもをうっとおしいと感じることはあるだろう。自分の土地でよその子どもにケガをされてはいけないので、近所の子どもたちを入れたがらない。それに加えて、もともと、米国では他人の所有地に入ってはいけないという意識が強い。だから、子どもにはヨチヨチ歩きのころから、他人の家の庭に踏み込まぬように教えている。

私の知人の女性は、自宅で小さな託児所を開いている。裏庭には女性の夫による手作りの立派な遊具が置いてあり、休日になると、近所の子どもが「遊ばせて」とやってくる。知人の女性は子どもがケガをしたときに訴訟になるのを防ぐために「おやくそく」として親が了解している場合だけ、顔見知りの近所の子どもを裏庭で遊ばせている。

同じような年齢の子どもがいる隣同士の家では親しい関係になると「お互いさま」という気持ちもあり、私たちと同じように裏庭で子ども同士を遊ばせているのもよく見受ける。それでも、せいぜい隣り合っている二家族か三家族程度で、子どもの数もせいぜい四－五人どまりだ。

公園、公共の場所で

公の場所、共用スペースでも所有者や運営する側は利用者に対して責任がある。

我が家では、ケガを償うため市からお金が支払われそうになったことがある。先に述べたように市が設営した雪ソリ場で二男が大ケガをした。安全のために登り降りする通路として丘の真ん中に防御ネットが張ってあった。その防御ネットを支えるための支柱の角が鋭いものだったので、滑っている途中で防御ネットにぶつかった二男は頭を一〇針以上縫う大ケガをした。今も大きな傷跡が残っており、その日以来、坊主頭は止めた。

私は冬の間中、子どもたちでにぎわっている雪ソリ場で、同じような事故が起こってはいけないと思って、二男を連れて市役所にいった。とにかく支柱だけでも、クッション性のあるものか、角が尖っていない円柱型に交換してほしいと話した。別に治療費目的ではなかったが、市役所の人は二男のフランケンシュタイン様の傷口に「これはひどいですね。担当者に連絡させましょう。市はこういうときのために保険に加入していますから、申し出れば市から治療費が出るかもしれません」と応じてくれた。

何日か後、保険会社から電話があり、親である私が目撃していたこと、二男が丘のどのあたりを滑っていたか、当日の天候、時間帯、また私以外にケガの瞬間を見た人がいるかどうか、学校に知らせてもよいかなどと事細かに質問された。数週間後、大

「親か大人の付き添いのない18歳以下の子どもは遊んではいけない」と公園の使用規則を記した立て札

きな封筒が郵便で配達されてきて、保険会社の調査の結果、市側の落ち度は認められず、治療費は支払わないという手紙が入っていた。

私たちのケースはここで終わった。

『Life without Lawyers』（Philip. K.Howard, Norton&Company, 2009）によると、ニューヨークに近いコネティカット州の公園で雪ソリ遊びをしていて足を骨折した人が、市から六〇〇万ドルの損害賠償を得たことがある。このニュースによって、いくつかの市が市の所有地で雪ソリを含むウインタースポーツを禁止した。公共スペースは事故が起こり訴訟されたときに、不利な立場に立たないように、規制や使用の際の但し書きをしていることが多い。

近所のいくつかの公園でもこんな立て札をみかける。「この遊具は三－五歳向きです。遊ぶときは親は常に付き添ってください」。もう少し大きな遊具には「この遊具は五―一二歳向きです。この遊具で遊ぶときは親が常に付き添うことが推奨されています」。驚いたことに近所の公園では「一八歳以下の子どもがこの公園で遊ぶときには大人の付き添いが必要です」という看板もある。高校生が親に付き添われて公園で遊ぶ姿は私には想像もできないけれど……。

このほかにも公園には罰則規定が掲げらている。決められた場所以外で自転車、ローラーボード、スケートに乗ることの禁止、公園内の自然を損なうこと、動物を捨てること、飲酒することなどは法律違反で、見つけた場合には罰せられる。他の利用者に向けて「違反者を見つけたときには通報するように」と電話番号が書いてある。

公園の駐車場で運転者にスピードを落とすよう警告する標識

外遊びには小さなケガはつきもので、稀に大きなケガにいたることもある。そのときには、安全基準に従って公園を設置した市の責任と、親やそれに代わる大人がどこまで付き添っていたかの責任が問われることになる。子ども同士が遊具で押し合うなどして相手の子どもをケガさせた場合には、ケガをさせた子どもの親が監督をしていなかったとして責任を問われることがある。どこまでが市や親の責任で、どこまでが偶発的なのかが争われることになる。

The National Program for Playground safetyでは「屋外環境にあるプレイグラウンドで子どもが遊ぶときにはいつでも監視されていなければいけない」との基準を示している。この組織は安全な遊具とはどういうものか、その基準を細かく定めている。例えば、子どもが落下したときにクッションがあるように、木のチップを敷き詰めるよう薦めるなどしている。

公園の安全を最大限考慮していることはありがたい。私が公園で子どもを遊ばせていると、市の職員が工具を持ってやってきて、ネジなど緩んでいるところはないか、故障しているところはないか、ハチの巣などがないかなど、点検していた。安全基準と点検による安心感を得る一方で、ほとんどの公園が万が一の訴訟に備える意味合いもあり、安全基準に沿って、運営し管理されているので、どの公園にいっても同じような遊具しか置いていない。

学校

子どもを外の危険から守ってくれる学校では安全対策、防犯対策に万全を期している。もちろん、学校や先生方は、保護者や子どもから訴えられるのを防ぐという気持ちではなく、子どもが安全に過ごせるように願っている。そのうえで、市には学校の安全に関する顧問弁護士がいて、学校内の安全についての法的な義務もいつも意識されている。

学校での安全・防犯対策は子どもを事故や不審者による犯罪から守るだけでなく、中学校や高校になると子ども同士の暴力によるケガや殺人事件を未然に防止することも含む。学校では多くの人たちが安全確保のために働いている。

私の子どもが通う小学校では、担任の先生方は教室のなかだけでしか子どもたちと付き合わない（私は先生方が授業の指導に専念できるので悪いことではないと思っている）。休み時間の外遊びや昼食の時間には、専門の職員が子どもたちの面倒を見る。休み時間には「お昼のスーパーバイザー」と呼ばれる人たちが校庭に立って、外部からの人に目を配ると同時に、子どもが危険な遊びをしていないか注意する。

担任の先生によっては昼休み以外の休憩時間には外遊びを許していない学級もある。

昼休みに外で遊ぶときには「スーパーバイザー」が監視しているが、それ以外の時間に子どもを外に出す場合は、担任の先生が付き添わなければならない。二男が一年生のときの担任の先生は休憩時間に外で遊んではいけないことにしていた。私が同じ学級の母親たちと話していると「先生が忙しいのなら、時間のある親が交代で外遊びを監督してはどうか」という意見も出た。しかし、ボランティアの母親では、何か事故が起きたときに責任を負いきれず、結局、ボランティア制を認めた学校側の責任になる。これは実現しなかった。二男は天気のよい日か、お勉強をがんばった日に、先生からご褒美としてもらえる外で遊んでいい休憩時間を心待ちにして過ごしていた。

　昼食時、私の子どもの通う小学校では一斉に同じものを食べる給食はない。子どもたちはカフェテリアと呼ばれる食堂で、お弁当やカフェテリアで販売されている日替わりランチを購入して食べる。日替わりランチを販売する人のほかに、子どもたちが適切に昼食を食べているかどうか監視する仕事についている人もいる。学校では食物アレルギーを起こす食べ物の持込みを禁止しており、昼食時にカフェテリアにいる職員は、食物アレルギーをもっている子が、他の子と食べ物の交換などをしていないかなども見張っている。

休憩時間や昼食時の監視は一日数時間の仕事で、夏休みなどの長期休暇は仕事がないことから、主婦や定年退職者の人が関わっているケースが多い。私の住んでいる市ではこの仕事にはおおよそ時給一〇ドルが支払われている。

登校時と下校時は、校長先生や親がボランティア活動で、校門の車寄せにずらりと並んだ保護者の車のドアを開け、子どもの乗り降りの安全を確保している。大人が車のドアを開け、子どもを車から乗り降りさせる光景は私にＶＩＰ待遇とかセレブとかいう言葉を想像させる。

ときどき、法律にがんじがらめになって、笑い話のような事件が起こる。ある学校では先生も含め、子ども同士でも他人の体に本人の許しなしに触ることを禁じていた。性的嫌がらせなどの問題を避けるためである。ある日、小学二年生の子どもがかんしゃくを起こして、教室内で激しく泣き出した。本来なら先生が抱きかかえて他の部屋で落ち着かせるところなのだが、子どもに触ってはいけないという規則があるため、泣き叫ぶ子を、親が迎えにくるまで、そのままにせざるを得なかったという。

また、危ないという理由で休み時間であっても校庭での鬼ごっこ遊びを禁止したり、ドッジボールを禁止しているところもあるという。

子どもたちが習い事としてやっているスポーツでも、毎年、私はさまざまな書類に署名をする。主催者側や施設側にケガの責任はないというものから、親が審判、コーチや相手チームを野次らない、暴力行為をしないなどという宣誓書にサインをしなければいけない。

日本でも当たり前になっているだろうが、学校の校門と事務室には監視カメラとモニターがあり、関係者が出入りする場合は名前を記入し、入校証のようなものを発行してもらう。親がボランティアやＰＴＡの活動をするときには、「私は過去に有罪判決を受けたことはありません」などという文面にサインをする。

小学校では周りの大人たちをチェックすることに重点が置かれているが、中学校以降は、子どもそのものをチェックする傾向が出てくる。米国では一九九七年にコロラド州の高校で二人の少年が爆発物と銃を使って、多くの生徒と教員を殺し、その後も銃を使った同様の事件がいくつか発生していることから、中学校・高校・大学での防犯対策は、校内での生徒による犯罪を防ぐことに重きを置いている。

全ての学校ではないが、その校内における防犯対策は凄まじいものがある。生徒が校内に凶器を持ち込むのを防ぐために、校門の入り口に金属探知機を設置し、監視カメラを置いている。休み時間の小学生の外遊びを監視する職員がいるように、たいていの中学校でも、休み時間には教室以外の場所における生徒の行動を監視する職員がいる。

大人たちが常に子どもたちを見守り、事故が発生しないように注意を払っている。何か事故がおきた後でも、学校の責任として校舎内や校庭から危険なものを取り除き、監視する職員を配置してある以上、防ぎきれなかった偶発的な事故という扱いになる可能性が高い。

ただし、最新の学校の安全対策としては「監視カメラ」や「金属探知機」は時代遅れの対策とする意見があり、新しく学校が作られたり、立て替えられたりするときには、建築の視点から死角をなくし、人目につかない場所を最小限にして（トイレも手洗いは外にする）、事件を起こしにくい空間を作るようになっている。ほかの研究では「生徒悪人説」で取り締まるのではなく、生徒たちに犯罪や安全についての授業や議論する時間を設け「生徒善人説」で規則を設けたほうが安全な学校づくりにつながられるとしている。

アメリカは自由の国といわれるが、公共の安全を確保するための規則は多い。隣近所の人と法廷で争うことなく、子どもの友達の親から訴えられることなく、公園の規則を遵守しようとすると、やっぱり親が付き添って、子どもがケガをせず、だれかにケガをさせることなく遊ぶように監視するしかないような気持ちになってくる。

一方で米国では個人の権利を守る法律が飽和状態になっているという声もあり、「弁護士」や「法」によって行動するばかりではなく「常識」を働かせて暮らすことが必要と呼びかけている人もいる。日々の暮らしの感覚よりも「規則」や「法」が最優先されると、生活しづらさを感じるようになるようだ。

Part.5 車社会

ママタクシー

アメリカの郊外に暮らしてみて、痛切に感じるのは「車なしでは生活できない」ことだ。車なしでも不自由を感じることなく、公共の乗り物を利用して暮らせるのはニューヨークやボストン、シカゴなど、地下鉄を含む鉄道網が整備されバスが頻繁に走っているごく一部の都会や大学街だけだろう。その他の多くの地域では車は生活の必需品である。日本でも都市やその近郊のほかは、アメリカ郊外と同じように車がないと暮らしにくいところもある。

アメリカは広い。土地が広大であるからといって、一戸建て住宅の価格やアパートの賃料がケタ違いに安いわけではない。しかし、米国では日本の一戸建てを買うのと同じ金額を出せば、かなり大きい家が買えるとは言えるのではないか。

築五〇年の家が並ぶ私の家の住宅区画はそれほどでもないが、新しく建てられる家ほど、一軒、一軒が豪邸のように大きい。広大な土地が車での暮らしを要求してくる。家が密集していると思える住宅地でさえ、日本とは一軒、一軒の家の大きさ、庭などの大きさが違うことから、一〇軒以上先となれば、三－四分は歩くことになる。子どもたちにとって、近所の友達はともかく、クラスメートの家でさえ、歩いていける場所でなくなる。

私の住む街では、路線バスはおおよそ一時間に一本。自転車とバスを乗り継いで移動することも不可能ではない（アメリカのバスはたいてい乗客の自転車を取り付けられる道具がついている）ので、夏休みには子どもを連れてバスでどこまで往復できるかに挑戦したことがあった。いつもなら車で片道三〇分の動物園まで、バスを乗り継ぐと一時間以上もかかってしまった。

車がなければ、私の生活は成り立たない。子どもたちは四マイル（約六・四キロ）離れた市のアイススケートリンクでアイスホッケーをすることもできないだろうし、日本語補習校に通うことはできない。正確にいえば、まだアイススケートリンクや日本語補習校に車を利用せずに通ったことはない。

　バスと自転車だけで通うことは絶対に不可能ではないけれど、現実には考えられない。おそろしく時間がかかるだろう。時速四〇マイル（約六四キロ）で走る車の横を小学生と私が自転車に乗ることは安全とは思えない。自転車で歩道を走るにしても、歩道が途切れ途切れになっているところがあるし、私の家のまわりには自転車専用道は整備されていない。だから、子どもを連れて車なしで習い事に通えるかどうかはまだ、実験したことがない。

1軒1軒の家が大きい。そのために、友達の家まで歩いていくことが難しい場合もある

　子どもたちは最寄の公立小学校には歩いて登下校している。一キロから一・五キロ離れたところにある近所のプール、図書館、銀行には、子どもといっしょにできるだけ歩くようにしているし、ときどき自転車でも出かけている。ただ、雪の日は、車道は入念に除雪されているけれど、歩道は除雪されていないので雪に足をとられてうまく歩

くことができない。そのために車に乗ることも多い。歩いているがために雪でスリップした車にぶつかられるのではという不安もある。それに日中でも氷点下の寒さがつらくて、車に乗って移動することもある。

さきに書いたアイスホッケーの練習や補習校、同じ学校の友達の家、校区外の日本人の友達の家など、全部、私か夫が車で子どもたちを送り迎えする。

まだ、子どもが産まれる前だったが、家から最寄の公園（学校のグラウンドではない）まで歩いていったところ、片道四五分かかり、公園内を散歩する予定はとりやめ、ベンチで休憩するハメになった。だから、この公園にも今は車を使って移動している。

「ママ・タクシー」なる言葉がある。親が運転手になって子どもを運ぶことを意味している。子どもはよほどの近所でなければ、同じ学校の友達の家はもちろん、習い事にも出かけることはできない。家に子どもがたくさんいれば、それぞれが別の友達のところへ出かけ、別の習い事をし、別の学校へ通うことになる。そのため、親はその子たちの送迎に追われる。

子どもの友達は四人兄弟姉妹の末っ子で毎日、遅刻しそうになっている。母親が四人の子どもたちを高校、中学、高等小学校、小学校に順番に車で送り届けているため、末っ子の小学生はいつも時間ぎりぎりの登校になる。ときには近所の親同士が協力して乗り合い登校をする。上の子は友達のお母さんに車で迎えにきてもらい、友達の家で遊び、その間に下の子を習い事に連れていくなどはよくあることだ。

ノーベル賞受賞者の江崎玲於奈博士一家のアメリカ暮らしを記した文庫本は三〇年以上も昔に書かれたもので、そこでは親が子どもの遊びにずっと付き添うことには触れられていないが、子どもの送り迎えに多くの時間を費やす車社会の不便さが書かれている。

親が運転手になり子どもをあちこちと連れていかなくてはいけない。これは子どもが運転免許を取る年齢になるまで続く。子どもの年齢が上がれば、友達の家での遊びにずっと付き添うことはなくなり、いったん、子どもたちだけを降ろして、また迎えにいくことになるけれど、親はなかなか子どもの送迎から解放されない。

高校生の子どもがアルバイトに行くときでさえ、親が車で送り迎えしなければならない。

習い事など、子どもがそこで過ごす時間がわずかなときは送迎の手間を考えて、親も付き添うことになる。車で子どもを公園に送り届けたときも、親が立ち去るのは難しい。友達の親など頼める人がいれば別だろうけど、親がその場所から離れると、子どもはケガや事故など緊急時に立ち往生することになる。家まで走って帰って大人の助けを求めることはできないからだ。それで、やっぱり、親は子どもに付き添うことになる。

移動は車！

親が車で子どもの活動の送り迎えをする一方、車社会では歩行者の影が薄い。ニューヨークやシカゴ、ボストン、サンフランシスコなどの都会や、大学の街では比較的歩行者は多いけれど、郊外では歩いている人が少ない。

私たちは学校まで歩いて通っている。学校は子どもの安全には細心の注意を払っていて、車で送迎されてくる子どもたちが乗り物から乗り降りする際には、先生やボランティアの親たちが車のドアを開け、子どもたちの乗り降りを助けている。スクールバスでも運転手が子どもたちが乗り降りするのを注意深く見守っている。しかし、歩いて登校してくる子どもたちの安全は親が確保しなければいけない。

下校時はそれほどの危険は感じないけれど、朝の登校時には子どもたちを送りに来た保護者の車で大混雑している。住宅地のなかにはっきりと区切られた歩道はなく、私たちは道の端っこを歩くのだけれど、これから子どもを送りに行く車とすでに子どもを送りに行った車に挟み撃ちにされる。スクールバスのバス停にも車がずらりと並んでいる。寒い季節ならなおさらだ。学校区は車の中でスクールバスを待つことは禁止しているが、車に乗ってバス停までやってくることは禁止事項には入れていない。

米国では移動の距離がハーフマイル（約八〇〇メートル）以上になると、ほとんどの人が車を使う。だから、通勤や通学はもちろん、日々の買い物などにもほとんどの人が車を使う。調査によると米国人の歩行の目的は次のようになっている。

通勤・通学のため　六・一八％
レクリエーション　一〇・三〇％
運動・健康のため　六〇・三五％
個人的な用事（店、郵便局などへ行く、犬の散歩など）　一九・四二％
歩行を要求する仕事に就いている　三・七五％

（waikinginfo.org より）

天気のよい日に運動のために「ウォーキング」する人はいても、移動の手段として歩いている人は少ない。

アメリカでは、歩くことがイベントになっていて、私の家の近くでは「ガン撲滅基金のためのウォーキング」があった。揃いのTシャツを着た大勢の人たちが三キロや五キロを歩いていた。自分ががんばって歩くことと引き換えに知人などに寄附を呼びかける仕組みになっている。私の子どもが通う学校では実施されていないが、歩いて学校まで登下校することも年に一度のイベントになっている地域もあるようだ。もちろん、その子どもたちが歩いて登下校する様子をうつし出した写真には、大人の姿もたくさん映っている。

一キロ以上の移動は「車」が基本……………………………

車があるおかげで、子どもを連れての外出が楽にできる。子連れで電車やバスを乗り継いで移動するのはしんどい。他の乗客に迷惑をかけないよう、できるだけぐずらせないように気をつかい、乳幼児の間はおんぶやだっこもしなければならず体も疲れる。

車ならオムツもおもちゃも積み込むだけでいい。子どもが大声で泣きわめているのに、運転しなければいけないときはイライラするが、それでも自分のペースで休憩することができる。今では車のなかにＤＶＤが取り付けられているものも多く、子どもが退屈しないで長旅できる工夫がされている。

稀ではあるけれど、米国人のなかにも家庭で車を一台しか持っていない世帯や車を運転しない大人もいる。経済的な理由で車を持つことができない人や、二〇〇八年のリーマンショック以降の不景気で車を売り払い、自転車で通勤する人も出始めた。私自身は車なしで生活することは考えられず、車を持つことの恩恵を十分に受けている。

しかし、車は交通事故を引き起こすし、子どもの自由な遊びという点ではやっかいな存在でもある。

二〇〇七年の交通安全調査によると一四歳以下の子どもが歩行中に交通事故死したのは全米で三〇六件。一六歳以下の子どもが歩行中に事故に遭いやすい時間帯は午後三時から午後七時の間である。八－一四歳では自転車にのっている途中に交通事故に遭うケースも多い。

アメリカは大人たちが仕事を終えて帰路につくのがだいたい午後五時－六時ごろで、子どもの下校時間帯、外遊びの時間帯、もしくは習い事に通う時間帯と夕方の交通ラッシュが重なっている。郊外では普段から歩行者が少ないので、車の運転手が子どもの歩行者がいることを予想していないと思われる状況もある。

交通事故に遭いやすいのはどちらかといえば男の子だ。男の子どもが二人いる私は、子どもが外で遊んでいる最中や自転車で友達の家にいく途中に交通事故に遭わないか不安になる。不審者や犯罪に巻き込まれることよりも、交通事故に遭わないだろうかという心配の方が私にとっては現実的なものだ。

車の通りはあるけれども歩行者はいない……………

親がずっと付き添うことなく子どもを遊ばせられるかを考えるとき、交通事故の心配以外に、子どもが困ったときに助けてくれる人が見当たらないのではないかという心配がある。

なにしろ街には歩行者がほとんどいないのだ。歩道を歩いているのは犬を散歩させる人、ウォーキングをしている人、ジョギングしている人がちらほらと見える程度。

それも天候の良い日だけ。車の通りはあっても人通りがない。どこもかしこもが防犯上、子どもが行ってはいけないとされている「人気のない、さびしい場所」になりがちだ。

車を運転していると、路上の歩行者には接触しないように事故を起こさないようには気をつけているけれど、その人が困っていることがあるのかどうかはよく分からないことがある。たとえ、分かったとしても、交通安全の標語のように「クルマは急に止まれない」ので「あー」と思っている間に通り過ぎてしまう。知っている人ならまた引き返してくるけれど、知らない人の場合は、明らかにトラブルが起きて困っている場合は別にして、その人が困っているのかどうかよく分からないときはなんだか分からないまま通り過ぎていく。

だから、子どもだけで遊んでいて自転車がパンクしたとか、転んでケガをしてしまったとき、ちょっと立ち止まってくれる大人は少ないように思う。運転手は、車をどこかに止めて、困っている子どもを助けられる状態にない。

子どもが通う学校区の小学校の先生で日本にも研修に出かけた経験を持つ人がいる。この先生は中東生まれでヨーロッパ育ちという経歴を持つ。先生に「アメリカではなかなか子どもだけで遊ばせることができませんね。私は子どもたちに大人の付き添いなしに遊ばせてやりたいのですが」と話しかけたことがあった。先生も私の考えや子どもの遊びについての気がかりなことは大体のところで同意してくれて「大人が子ども時代を奪うことはできない」と応じてくれた。自身の小学校高学年と中学生の子どもは「一人で行動しないこと」を条件に子どもだけで自転車に乗り、子どもだけで遊ぶことを許しているという。

この先生は子どもだけで外遊びさせられない理由のひとつとして「アメリカは他人に無関心な人が多いような気がする」と話していた。先生の義母は歩くのが好きで、近所の大通りを散歩しているのだが、ある日、転倒して血がしたたるくらいのケガをしたそうだ。そのときに誰も助けてくれる人がいなかったという。

しかし、私は米国人は他人のトラブルに無関心だとは思わない。私はむしろ米国人はとても親切だと感じている。見知らぬ人でも重い荷物を持っていると助けてくれる。乳幼児を抱えた人やベビーカーを押している人にはドアを開けて先に通してくれる。私は子連れで米国と日本の空港を何度も利用したが、棚に荷物を上げてくれたり、子どもをおんぶするのを手伝ってくれたり、何かと助けてくれたのは圧倒的に米国人だった。

私は先生の義母を誰も助けなかったのは、車社会だからではないかと思う。車の運転手は歩行者のトラブルに気付かず、もしくは、何か困ったことがあるようだと思いながらも道路の車の流れに沿って走っているうちにあっという間に通り過ぎてしまったのではないだろうか。車の通りは頻繁でも歩行者は少ない。健康のためにウォーキングする人やランニングする人の姿は、天候の悪い日にはぐっと少なくなる。歩くスピードですれ違う人が何人もいたら、きっと助けてくれる人がいただろうと思う。

シェル化社会

米国は土地が広大で公共交通網が張り巡らされていないために「移動は車」という生活スタイルになっているが、それとともに「車に乗っていれば安全」という考え方も定着している。

中学生や高校生の子どもを持つ親たちも中学校や高校まで車で送り迎えしている。付き添って歩くのはめんどうだし、車で「ターっと」送り迎えをすませてしまう。子どもが運転免許をとり、自分で車を運転して学校に通う日まで送り迎えは続けられる。

夫は通っていた大学が治安の悪い地区にあり、歩いて食料品の買出しに出かけるとひったくりなどの被害に遭うという心配から、友達の持つボロボロの車に乗って、少し離れた犯罪の少ない地域まで行き、そこで買い物をしていたことがある。私も大リーグの取材をしていたときには、ナイター終了後にとぼとぼと歩くのは気味が悪く、車に乗ってしまえば一安心で、誰かに襲われることはないと感じていた。アメリカでは深夜の散歩はしたことがないけれども、車に乗って二四時間営業のスーパーに行ったことは何度もある。

私がロサンゼルス郊外に下宿していたとき、下宿先の子どもたちは外を歩くことが許されていなかった。歩いて二、三分先にコンビニエンスストアがあって、私はいつもそこまで歩いていたのだが、子どもたちは「車に乗らないと危ないから」と言っていた。だから、私は彼らとコンビニエンスストアにいくときは、いつも彼らを車に乗せていた。

車に乗っていれば絶対に安全なわけではない。当たり前だが、車に乗っていると交通事故に遭うこともある。バスやトラックを含む自動車に乗っていて、交通事故死する人は二〇〇六年度では全米で三万二〇九二人いた。車に乗っていることで交通事故に遭う確率と車に乗っていなかったために犯罪に巻き込まれる確率とどちらが高いのかは分からない。しかし、歩くよりは車に乗っていたほうが外敵から身を守ることができるように、なぜか、感じるのだ。だから、日が暮れてから、人がとぼとぼと（明らかにウォーキングや犬の散歩ではなく）歩いていると、その人が「不審者」のようにも見えてくる。

車がないと生活できない地域では、多くの家庭では大人ひとりにつき車一台を持っているので「とにかく車」というスタイルが実践される。

私は都会の下町に育ち、どこでも地下鉄で移動してきたこともあってか「いつでも、どこでも車」のアメリカはまるでＳＦ映画の世界のようだと感じる。歩いている人が存在せず、カプセルのような空飛ぶ車に乗って、宇宙空間を移動するようなイメージに似ている。車は米国人にとって誰にも邪魔されず、外部の敵から守ってくれるシェルやコクーンのような役割を持っているようだ。

Part.6

育児放棄か？

児童虐待・育児放棄防止に対する意識は高い……………

子どもが大人によって傷つけられるとき、本来は頼るべき親や身内が加害者であることが少なくない。

日本でも幼い子どもが親に殴り殺されたり、全く放っておかれて、食事も与えられず衰弱して死亡したりしている。事件が起こるたびに、もっと早く助けることができなかったのか、親の言い分を一方的に聞き入れるのではなく、強制的な力を使って救い出すことはできなかったのかと、世間は悔いることになる。私も親によって殺される子どもの泣いている姿が思い浮かび、胸がつぶれそうになる。もっと早い段階で、もっと公的機関の強制力があれば、事件を未然に防ぐことができたという話につなげず

く。

米国は児童虐待・育児放棄を防止するための法的な基準が高い。子どもが大人から傷つけられていることはないか、放っておかれていることはないか、学校や小児科医だけでなく、一般の市民のなかでも虐待や育児放棄を防止しようという意識は高い。少なくとも私はそう感じている。

私は二人の子どもを産んでから、日本で一年あまり生活した経験がある。アメリカにいるときは、一度も子どもをたたいたことがなかったのに、日本では子どもをたたいてしまった。日本なら言うことを聞かぬ子どものおしりを一回、ぴしゃっとたたいたところで、すぐに通報されることはないという気持ちがどこかではたらいた。「法」には親に手をあげることを思いとどまらせる力がある。そして、私は自分自身が「親」としてどう子どもを躾けたらよいのかと考える以前に「法律」によって子育てしていた。

しかし、子どもの体を傷つける虐待は別にして、育児放棄に関しては、事件を防ぐために些細なサインも見逃さず強い力で介入していくという流れに傾くのは、子どもを見守りながら育てたいと思っている親と子どもまでをもより縛るものになるのではないかという懸念はある。家族の生活のなかで、どこまでが育児放棄にあたるのか。その基準を定めるのは難しい。わずか三〇分なら子どもだけの状態にしてもよいのか。何歳になったら留守番をさせていいのか。周囲の環境や子どもの年齢、健康状態など様々で法律で一様に区切られるものではない。そこには常識の目が必要だ。

絶対に子どもをひとりにしてはいけない状態はある。ハイハイやヨチヨチ歩きの子どもをひとりにしておくのはたとえ家のなかであっても危ない。しかし、交通ルールを守れるようになった小学生をひとりで徒歩一〇分の友達の家に遊びに行かせるのは育児放棄にあたるのかどうか。今、私の住んでいる地域では、子どもがひとりで歩く姿をほほえましいと感じる人よりも、危ないと思う人が多数派だ。親切心から通報する人がいても不思議ではない。誘拐や事件に巻き込まれるという「可能性」はゼロではないし、住宅街でも車が時速二五マイル（約四〇キロ）で走る交通事情をはめこめば、子どもだけで「まずまず安全」と言える場所はどこにもないということになる。

米国では、子どもを虐待や育児放棄から守るためのCPS（Childrens Protective

Services）が各州に設けられている。日本語に直訳すると「子ども保護サービス」になる。地域ごとにこのCPSエージェンシーが設けられていて、州の法律に基づいて活動をしている。

私の住む州が発行している親向けの説明小冊子を手に入れた。CPSが虐待や育児放棄が疑われる家庭を訪れたとき親に手渡されるものらしい。

CPSの仕事は子ども（ここでは一八歳以下と定義）の安全を守ることであるとして、私の住む州の子ども虐待、育児放棄の定義は以下の内容を含むと書かれている。

子ども虐待とは子どもの体または、心が傷つけられていることを意味する

・殴る、蹴る、やけどをさせる
・骨折、内出血させる
・常に子どもを怖がらせている状態

育児放棄とは子どもに必要なものを与えることがそこなわれている状態。次のようなものが含まれる。

・子どもを傷つけている他者の行動を止めない
・食べ物、シェルター、医療の欠如
・監視の欠如
・子どもを安全でない場所においておく
・誰かが子どもを虐待するのを許す

性的虐待
・子どもと性的接触を持つこと
・子どもに売春行為をさせる
・子どもの性的な写真を撮影する
・他の人間が子どもに性的な虐待をするのを止めさせない

安全でない家とはリストに挙げられた右のことが起こっている家である。
医者や教師、心理士ら定められた職業の人は虐待や育児放棄のサインを見た場合にはＣＰＳに通報する義務がある。

育児放棄の定義に悩む

多様な人種やバックグラウンドを持つ人々が暮らす米国では、育児放棄かどうかを考えるのに難しいケースがある。アジア人の親は子どもが風邪をひいているのを知っていて病院に連れていかなかった。代わりに親がコインで子どもの背中をマッサージする母国の民間療法を行っていた。故意に病院に連れていかなかったのは育児放棄にあたるのか、子どもを裸にしてマッサージするのは虐待にあたるのか。米国でも最近では代替療法も盛んで鍼灸治療をしている人もいるが、全く予備知識のない人には治療なのか虐待なのか区別するのは難しいだろう。私自身は分娩時に足にお灸の跡があったため、看護士から「これは何？」と聞かれて陣痛のなかで一生懸命説明した記憶がある。貧しいために病気の子どもを医者に見せることのできない場合もある。アフリカからの移民である母親は、当たり前のこととして乳児と小学生の子どもを留守番させて、三〇分ほど買い物に出かけていて、育児放棄とみなされた。

私も米国住まいが長くなってきたので、日本から新しく駐在員として赴任してきた人から「家の前で子どもだけで遊ばせているのは育児放棄になるの？」などと質問を受けることがある。しかし、「はっきりとしたことは私にもよく分からない」としか返事できない。

育児放棄の基準に迷っているのは、外国人である私だけかと思っていたが、米国人同士でも「これは通報するべきかどうか」と思い悩むことがあるらしい。二〇一〇年二月のニューヨークタイムス紙電子版に、ある母親の話が掲載されている。その母親はある日の午後、スーパーに買い物に出かけた。そこで七歳の子どもの同級生の母親に会った。「子どもはどうしたの？」と聞くと「家で待たせている。三〇分もかからないから。上の子が年のわりにしっかりしている」と答えたとのこと。そこの家には下に四歳の子どももいて二人で留守番させていた。相談者は「通報するべきでしょうか」と問いかけている。

相談の回答者は二人いて、一人は「このことが頻繁に起こっているのか、七歳の子が本当にしっかりしているのか、なぜ、お母さんがひとりで出かけたのか、彼女にそういう行動を取らせた動機を知らないといけません。私たちは見たこと全てに責任があるわけではないのです」と回答している。もう一人は「ＣＰＳのウエブサイトを見ました。大変、はっきりしました」と回答して、暗に通報することをすすめている。読者からの意見は三〇分であっても、七歳と四歳の子どもは留守番させるのには幼すぎるという内容が多く、ＣＰＳか警察に電話して基準を聞くべきだという意見も多かった。

日本人のママ友と話していると「これってアメリカの法律的にどうなの？」という話になりやすい。みんな、法律的に正しいか、虐待にならないか、育児放棄にならないかに、気をつけている。三〇分であっても、子どもを留守番させていることが、警察やＣＰＳに通報される可能性のあることならば、買い物でも、銀行や郵便局への用事でも連れて出る。しかし、万が一、どうしても、自分だけで出かけなければいけない事態になったら、周囲に隠すようにして留守番させることにつながらないだろうか。一声かけておけば、味方になってもらえるはずの隣人に、子どもの留守番を隠すようなことはしたくないのだけれども……。

子どもに暴力を振るう虐待は、どう転んでも「悪い」ことだ。米国で他人の目があるところで子どもをたたくと通報されることがある。ただそのことが、子どもに暴力を振るうことを抑える力になるときはよいだろうが、通報を避けるために、人目のない自分の家で隠れるようにして叩くことにつながらないだろうか。しかも、念入りに子どもに口止めまですることになる。アザなど証拠が残らぬようにする。それは親子間の陰湿ないじめだ。

ＣＰＳの冊子の育児放棄の項目には「監視の欠如」と「子どもを安全でない場所に置く」という二点が入っている。安全でない状態とはどんな状態を指すのか。留守番だけでなく、子どもを子どもだけで遊ばせるとき、どこまでが監視の欠如にあたるのか。子どもだけで遊ばせるとき、近くの公園で子どもだけで遊ばせるのは危ないことなのか。家の庭ならば安全なのか。その線引きはどこにあるのだろうか。子どもの年齢だけでなく、時間帯や天候、アメリカなら治安のよい地域かどうかも考えなければならない。それはケース・バイ・ケースで法で詳細を明文化するのは難しい。そのことが余計に親に育児放棄なのかどうかの判断を難しくさせている。

ＣＰＳや裁判所が把握している児童虐待や育児放棄の事件の詳細は、子どもを守るためにほとんど公になることがない。それは事件の性質から守られるべきことだ。だから、ふつうの親がどこまで子どもをひとりにしてよいかを過去の事例から考えることはできない。仮に、私が家から少し離れた遊び場で小学生の子どもたちだけで遊ぶことを許して、子どもたちは日が暮れてもなかなか家に帰ってこないとする。たった一回だけのことなら、それを見かけた人が警察やCPSに通報することはないだろうけれど、日の暮れかかった道を何度も小学生の子どもだけで歩いていたら、そのうち、警察やCPSに通報するのではないかと私は予想する。

親切で良識ある米国人ほど、子どもだけで歩いているという危なっかしい光景を見過ごすことはしない。通報して子どもの安全を確保して一市民としての「通報の責任」を果たす。だから、本来、子どもを見守ってくれる隣人たちの視線が、私にとっては脅威でもある。私は子どもを持つ親の側なので、通報する代わりに運転する車のスピードを落として安全を確保するとか、歩行者なら子どもたちに「気をつけるのよ」「危ないことしないで」ぐらいの声かけがあれば理想的だと思うけれども、それは私の理想でしかないようだ。

CPSに電話をしてみたけれど……………………………………………

CPSに子どもをどこまで子どもだけの状態にすると育児放棄とみなされるのか、

そのことを問い合わせてもそこには明確な回答はない。しかし、小学校低学年の子どもが大人の付き添いなしに公園で遊んでいた場合、子どもが危険な状態にあるとして、警察が出動して、子どもを保護し、親を逮捕する可能性は否定していない。逮捕するかどうかは警察の守備範囲でその地区を管轄している警察の判断によるという。

私は自分の住む地域のCPSに電話して聞いてみた。「夏休みに小学生の兄弟を家から歩いてすぐ近くの広場で子どもだけで遊ばせてもいいでしょうか」と問い合わせた。CPSの職員の返事は一言だった。「ずっと付き添ってください」。

もし、私が育児放棄をしているとみなされて通報された場合、私はどうなるのか。

CPSの冊子にはこう書いてある。

CPSが苦情を受けとった場合

1、CPSは苦情を調べます。

職員が次の人と話をします。

・あなたの子ども

・あなた

・もうひとりの親か子どもの世話をしている人、同居している人
・子どもをよく知っている人、先生や親戚など
職員は何が起こったのか、あなたの家族のことを聞く必要があります。

このほかにも、学校や保育園、あなたの家や職場、あなたを知っている人を訪ねることがあります。

2、職員は報告書を作成します。
調査中に分かったことをレポートに書きます。
次のような場合、報告書を作成します。
・虐待や育児放棄があったとき
・将来的に虐待や育児放棄の危険があるとき、またその危険はどのくらいか
・あなたの家が子どもにとって安全であるとき
・あなたの家族がサービスを必要としているとき
あなたの子どもが虐待や育児放棄を受けていないときは、職員はここまでで調査を

終えます。

虐待や育児放棄がある場合には、あなたの名前は州のリストに掲載されます。

3、職員があなたの子どものための安全計画を作成します。多くの場合は職員があなたの家族とともに働き、あなたが子どもとともに暮らせるようにします。子どもが安全でない場合は、職員は裁判所に、あなたから親権をなくすように求めることができます。

4、CPSの職員は何が問題を引き起こしているのか、どのようなサービスを受けることによって子どもにとって安全な家庭になるのかを見つけだしていきます。

調査の結果、もし、私が虐待や育児放棄をしているという結論に達した場合には、州のリストに掲載される。

・名前、生年月日

・子どもの名前、生年月日

・どのような虐待や育児放棄であったか
・虐待や育児放棄の起こった日

そして名前は永久にこのリストに掲載される。このリストに自分の名前が掲載されるのはおかしいと異議申し立てをする権利はある。

子どもだけで遊ばせるだけでなく、ときには冒険させてやりたいと思うこともなくはないが、警察やＣＰＳのお世話にはなりたくない。親権を奪われて子どもと離れ離れに暮らすことになっては元も子もない。永久に州のリストに親子ともども名前が残るということは考えただけでも重苦しい。その一方で、ＣＰＳの職員と話をすれば、虐待や育児放棄ではなくて、成長の過程で味わってほしいものという私の意図が伝わるかもしれないとも思うけれども……。

虐待や育児放棄を防止するには、良識ある隣人や学校の先生たちが虐待や育児放棄が疑われる場合に積極的に通報する姿勢やシステムは有効だ。親にとっても周囲の目があるがために虐待や育児放棄を踏みとどまることができる。

ただ、それでも私はしつこく思う。小学校低学年の子どもが子どもだけで留守番したり、遊んだりしているからといって、それがすぐに育児放棄につながるのか。放任ではなく、子どもの成長の様子を見た上で、親と子どもが「子どもだけでも大丈夫」という判断を下すことは許されないのか。子どもだけで何かをしていることがすぐに通報されると通報件数が多くなってしまい、ＣＰＳでは本当に深刻な虐待や育児放棄を調査する労力や時間が削られてしまうのではないだろうか。

米国では親の意見が尊重されるということは日々感じる。小学校入学を一年遅らせるとか、学年相応の能力が育っていないので留年させたいとか、保健の性教育やエイズについての授業を受けるか受けないか、親の意見が聞き入れられる。子どもの写真を学校のＨＰに載せてもよいか、遠足でバスに乗せてもよいかなども親の承諾を得ている。けれども「子どもを安全な状態に置く」という点では、法律に首根っこを抑えられているように感じる。子どもに冒険をさせる自由は与えられてない。

自分の身を守る力の弱い子どもが、大人のいない場所で災害や事故に巻き込まれてはいけない。何かあった場合には親の責任が問われる。けれども、親やそれに代わる大人が付き添っていたからといって、絶対に子どもを守りきれるのか。

新聞で読んだ話は悲惨だった。シングルマザーの母親はファーストフードの店長で深夜勤務にあたっていた。約束していたベビーシッターが来ないので、仕方なく、九歳と一歳の子どもを寝かせた後、仕事に出かけた。その日、火事が起こり、子どもは亡くなった。この母親は子ども二人を亡くし、自分は育児放棄で逮捕された。

親が子どもを殴り殺したり、蹴り殺したりするのは法的にも人道的にも許されるものではない。親が子どもに食事も与えず、風呂にも入れず、部屋の中に閉じ込めておくというのは犯罪だ。しかし、親との約束や交通ルールをまだ素直に聞き入れる小学生が、短時間の留守番をしたり、大人の目のないところで、子どもだけで遊ぶのは、しかるべき機関に通報されなければいけないことなのか。誘拐や災害に巻き込まれる「不安」から、子どもに始終付き添わなければ親としての責任を果たしていないことになるのだろうか。

Part.7

格差社会アメリカ

地域差

米国は貧富の差が大きい格差社会だ。これは日本でもよく知られていることだろう。凶悪犯罪から学力不振、育児放棄、介護問題など多くの問題の根っこに貧困があるといわれている。

日本でも人々の暮らしに格差が広がっていることを伝え聞くが、米国と日本が違うところは、米国では富裕層、中流層、貧困層の棲み分けがなされている点だ。混ざり合ってはいない。収入や職業によってある程度の棲み分けがなされている。人種や出身国による棲み分けが顕著な地域もある。住んでいる市の名前や郵便番号をいえば、住まいがアパートであれ、一戸建てであれ、だいたいどのような暮らしぶりをしているのかが他人に分かるほどだ。マーケティングでは郵便番号と消費動向に関連があるとされていて、ものを売る側はそのことから販売戦略を立てている。

だから、米国人が引越しをするときには、さまざまなデータを参考にする。学齢期やこれから学校に通うような子どもを持つ家庭では、引越し候補先の公立校のレベルはどうかを調べる。高い住民税を支払ってでもレベルの高い公立学校に通うほうが、私立学校よりも安上がりだということもある。州の統一テストの結果一覧表は簡単に手に入るし、インターネットでも調べることができる。不動産会社もそのようなデータを持っていて、家を探している人に渡している。私の住む市の公共図書館には、市の犯罪発生数や住民の平均年収、学歴、家の値段などをグラフ化した印刷物がおいてある。

子どもを持つ家庭では、住民税が高くても公立校のレベルの高い地区に住みたいと希望することが多い。

うちの子どもたちは公立小学校に通っているが、どの子もだいたい同じような中流家庭の子どもたちだ。金持ちではないけれども、衣食住は足りていて、子どもの習い事や旅行などの費用も捻出できるといったところだ。私の住む郊外の住宅区は第二次大戦以降に作られたもので、同じような作りの家がずらりと並んでいる。だからだろう、同じ小学校のなかには大きな格差は感じられない。

しかし、地域別による公立小学校の学力差は小さくない。各都市部の「インナーシティ」と呼ばれる都市集落の子どもたちの学力をいかに引き上げるかは米国の大きな課題になっている。市の教育予算が足りないことに加え、保護者側にも子どもの学校での学習をサポートする環境がない。このため、一般のボランティアを募り、ボランティアが学習を補助しているところもある。

私の家から車を走らせてインナーシティであるデトロイトまで行くとき、大通りを一本超えただけでがらりと町の風景が変わる。市の境界線をまたぐと急に落書きだらけの家、廃墟、壊れた窓ガラスといった家が並ぶ住宅街に変わり、道路はガタガタ道になる。風の強い日にはゴミやビニール袋が舞い飛んでいる。

道をゆく人はアフリカ系アメリカ人やラテン系、アラビア系の人々が多い。郊外よりも歩いている人は多いが、ジョギングしている人の姿はあまり見かけない。横断歩道を使わずに車の通りの多い大きな道路を横切っている人も珍しくない。中流家庭では普通になっている、大人ひとりにつき車一台を確保できていない人もいる。誰かに車を運転してもらって送り迎えしてもらっている人、バス停でバスを待つ人が目立つ。道端に並ぶ店の様子も違う。防犯対策としてガラス戸には鉄格子がつけられている。見慣れたマークを掲げたチェーン店のガソリンスタンドでさえ、郊外店に比べて、明らかに古く薄汚れている。公園はあまり手入れされておらず、ゴミが散らかっている。荒れたダウンタウンの公園で、ぼんやり過ごしていたら、麻薬の売人に間違えられたという話も聞いた。三〇分のドライブでもまるで異国にいったような感覚になる。しかし、郊外に暮らす私の子どもたちにとっては、これらの光景は日常ではない。

インナーシティや貧困地区に住む子どもの暮らしぶりも郊外の子どもとは違う。家庭に車がないためか、歩いて移動している子が多い。登下校やちょっとした買い物をするために歩いている。これは、インナーシティは郊外と違って建物が密に建っているところが多く、スーパーマーケットやコンビニエンスストアが歩いていける距離にあることも多いからだろう。

いわゆる貧困地区に住む子どもたちの間では、スポーツなどの習い事はあまり盛んではないようだ。変わりにストリート・バスケットボールなどをしている子どもの姿がある。

一方で、子どもたちが犯罪に巻き込まれたり、自ら犯罪を起こしたりするのを避けるため、いろいろな団体が子どもたちにプログラムを提供している。米大リーグやプロフットボールでは、競技を習うことのない子どもたちを集めて指導を行ったり、放課後の居場所を提供している。

切り離せない貧困と育児放棄

インナーシティと呼ばれる地区や貧困地区では育児放棄の問題は大きい。いくつかの調査でも貧困地区ほど育児放棄の件数や程度が重いことが明らかになっている。貧困状態にあるかどうかは世帯収入によって区別されていて、二〇一一年度では、四人家族で収入が二万二三五〇ドル以下（アラスカ、ハワイを除く）の場合は貧困層に入る。さらに米国の貧困層のなかでも最も貧しい人々ほど育児放棄に陥りやすいとしている。世帯の年収が一万五〇〇〇ドル以下の家庭では一〇〇〇人の子どもに対し、一七・二人が育児放棄の状態にある。これが世帯収入が三万ドルの家庭になると育児放棄はぐっと減少して一〇〇〇人当たり、〇・六人になる。そして人種マイノリティの家庭で育児放棄はより発生している。虐待は貧困によってもたらされているものと、その他の原因、親が機能不全の状態に陥っているのかを見極める必要があるとされている。

貧困家庭の一例として次のようなケースが挙げられている。

ひとり親家庭で、親は一週間に四〇時間以上働く。その勤務は深夜の時間帯になることも多い。昼間に眠り、夜に仕事に出かける生活になる。親が子どもに付き添う時間や能力は限られてくる。米国でも低所得世帯に対しては保育所やベビーシッターを雇う際に補助が出るが、このシステムの存在を知らないまま、援助を受けられない人も多い。手軽なファーストフードを与え、テレビをつけっぱなしにして、子どもを放っておくことになる。

また、親が失業しているために、子どもの食事や衣類を与えることができず、壊れた家を修復できないことなどから、子どもの生活に必要なものが大きく欠けてしまい育児放棄につながることもある。家族でホームレスになってしまうこともある。教会など宗教団体などから炊き出しがある日には、必ず学校を休んで、食事を確保している子もいる。

イリノイ州シカゴの調査では、貧困家庭の子どもたちは親やそれに代わる大人から見守られている状態がそれ以外の地区に住む子どもに比べて、約四〇％少ないという。

『Child Protection Report』二〇〇四年四月号に、ジョージア大学のジェームス・ゴーディンの発言が掲載されている。「社会はすでに最下層の人々がそこから抜け出せないことを受け入れているように見える　CPSの職員は彼らが仕事に取りかかるまえにあきらめの気分をいだくことだろう。ソーシャルワーカーは適当な道具も持たずに火事を消すような戦いをしなければいけない」。

「子どもを見守らなければいけない」。それは経済的困難ゆえに子どもを育てる時間や体力のない最も貧困に苦しんでいる人たちや、親としての機能を全く失った人への言葉であり、彼らを支えていくべきアメリカ市民への警告であると、私は思う。麻薬やアルコールなど、何らかの理由で親であることを放棄している大人と、その子どもを助けなければならない。しかし、育児放棄に陥りやすいとされている、食料を確保するのが精一杯の家庭や、親がその機能を失っている家庭には、その言葉が届きにくい。援助の情報も届きにくい。

その公的機関からのメッセージに大きく反応し、実行しているのは中流家庭なのだと感じる。すでに親として子どもを適度に見守っている家庭では、より子どもを守ろうと「過剰反応」が起きることもあるのではないか。

郊外に住む中流家庭の子どもたちの親には、専門家の安全対策を忠実に守る余裕がある。私の家庭では、経済的にも、時間も余裕があるとはいえないが、労力や費用を捻出している。共働きやひとり親家庭でも、子どもだけの状態にならないようにしている。放課後のケアに入ったり、放課後ケアが気に入らない子どもは、近所のデイケアに行ったり、ベビーシッターと過ごしている。

子どもを放っておいてはいけない。食事を与え、安全に眠る場所を用意して、常に親の目の届くところで遊ばせる。公的機関からは児童虐待や育児放棄を防ぐようにメッセージが出されている。小児科に健診に行けば、子どもを安全な状態においているか、家の中に子どもが触ると危ないものはないか、屋内に使われている塗料には鉛が含まれていないかどうかなど項目がずらりと並んだチェックシートが配布される。

医療従事者などの専門家や公共機関からの子どもの安全を守るための呼びかけは州全体や米国全体に向けて発せられている。高速道路沿いの看板だけは別だろうけれど、特定の地区や人々にだけメッセージを送ることは差別にもつながることから難しい。そして、子どもに関する事件が発生するたびに、メディアは一斉に子どもから目を離さないようにという。

今、郊外の子どもが危ない？

貧困地区ほど育児放棄が起こりやすいのは事実だ。しかし、今、最も自由な遊びや社会的な活動ができていないのは郊外の子どもたちだと主張している研究者のグループがある（「where do the children play?」［Michigan television 2008］）。

一見すると教育予算に乏しいインナーシティの子どもたちは不利な環境のなかで暮らしているようだが、いくつかの条件が揃えば、郊外に住む子どもよりバランスのとれた遊びや活動ができているという調査結果が出ている。研究者自身もその調査結果に驚いたと述べている。

ミシガン州の建築家が、郊外に住む子どもと、治安や親の収入面で不利な地域であるデトロイトのダウンタウンに住む子どもたちを集めて「街を作ろう」というテーマで実験を行った。子どもたちにダンボールや画用紙、カラーペンなどの工作道具を与えて、二つのグループに分けて「自分たちの街」を作らせた。その過程を隠したカメラで撮影した。

二つのグループが作った街には明らかな違いがあった。ダウンタウンの子どもたちのグループは、グループ間での会話が多く、子どもたちの間でものを作るとき「交渉」しながら、いっしょに作っていたという。この子どもたちが作った街は、病院や図書館などがあり、ひとつのコミュニティを形成していた。

一方の郊外の子どもたちのグループは最初に、ひとりひとつずつ建物を作ればいいという話になり、作り始めてからは子どもたちの間に交渉はあまりなかった。できあがったものは大型のショッピングモールで、モール内に入っているデパートやスーパーマーケットの建物が並んでいた。病院や図書館などは見られなかった。

私は田舎であっても、治安が問題になっているインナーシティであっても、食料品店や銀行、郵便局などが並んでいる地区を、自分の足で歩いて利用している子どもたちの方がコミュニティーを作りやすいのではないかと思う。郊外の子どもたち（うちの子どもたちもこのカテゴリーに入る）は、学校へ行くとき、習いごとへ行くとき、食材の買い出し、同じ学校の友達の家へ行くときでさえ親の車に乗っていく。歩くことが少ない子どもたちには、街の様子は車窓の景色になっているのではないだろうか。

最近では、車内につけられたＤＶＤを見ている子どもも多い。そんな子どもたちが車を降りて、最もたくさん自分の足で歩く場所は大型のスーパーマーケットであり、ショッピングモールである。

実際にアウトレットなどのショッピングモールでは「ショッピングで運動」という看板を掲げているところもあって、スタートから何メートルという表示が途中にある。また、私の住んでいるところは冬の間、雪が多く外歩きが難しいので、その期間、ショッピングモールはウオーキングにもってこいの場所になる。平日や休日の朝には中高年層を中心にグループになって早歩きしている。

車がなければ生活が成り立たないのは、郊外よりも田舎の方が度合いが強い。確かに一軒、一軒の家がとても離れているため、多くの子どもが群れて遊ぶ機会は少ないようだ。しかし、子どもはより広大な自然のなかで遊ぶ様子が見受けられる。親の家業が農業や漁業である場合は、子どもは親の仕事を手伝うことが多く、郊外の子どもよりもリアルな生活体験を積んでいる。

ミシガン州の湖に浮かぶ小さな島では住民のほとんどが顔見知りのため、乳幼児を連れて買い物に来ている親を見かけると、知り合いの人が「子どもを見ているから、ゆっくり買い物してきて」と声をかけることがよくあるという。小学生と中学生の子どもたちは「街に映画館がないのは残念」だが、夕日を眺めて落ち着いた気分になれるのがうれしいそうだ。友達同士の付き合いも電話やメールではなく、直接会いに行くことが多いようだ。

アメリカの多くの地域では週末の朝などにファーマーズマーケットと称される市場が開かれる。農家の人たちが、近くの郊外まで出てきて野菜や果物、パンなどを販売する。私はこのファーマーズマーケットでよく子どもが手伝いをしているのを見かける。小学校高学年や中学生の子どもになると「手伝い」という感じではなく、一人前の戦力として働いている。「お手伝いしてえらいねえ」と声をかけようとして、これは失礼だなと思ってやめたことがある。

今、最も、外遊びできていないのは、郊外に住む幼稚園児や小学校低学年にあたる子どもたちだという。この調査結果は郊外で暮らしている私の感覚とも一致する。

小学校中学年あたりからは、家の裏庭で子どもだけで遊んでいる姿が見られる。公園まで子どもだけで出かけて遊ぶことはできないが、近所の家の子とは子ども同士で遊ぶことができている。

これが、五、六歳の子どもになると家のすぐ前、家の裏庭であってもフェンスなどをしていない限りは、子どもだけで外で遊んでいる姿はあまり見かけない。兄弟姉妹でない限り、大きな子どもに連れられて、小さな子どもが遊んでいるという光景もあまり見かけない。今は年長の子ども自身にも、大きな子どもに面倒を見てもらって遊んだ経験がない。何かあったときの責任問題を避けるため、親同士が小さな子どもを、他人の年上の子どもに託すのを避けているとも考えられる。

それに中流家庭では「子育ての効率化」が意識的であれ、無意識であれ、実行されやすい。自由な遊びよりも子どもがより多くの能力をより早く身につけることを目指しがちだ。運動能力を上げるためにスポーツ系の習い事をしたり、音楽系の習い事をする。米国では中学受験や高校受験が一般的でないこともあり、日本のような塾や通信教育は少ないけれども、最近では家庭学習に割く時間が増えている。子どもが自由に遊ぶ時間は減っている。

アメリカは州が違えば、いろいろな法律が違ってくる。自動車の制限速度や税制度など大きな違いがある。しかし、私は州によって人々の暮らしがそれほど変わるとは思わない。東海岸と西海岸でも大きく変わるとは思わない。けれども、収入による格差は大きく感じる。ハリウッドスターや大会社の社長など特別な大金持ちは別にしても、夫婦ともに専門職で共働きしている家庭と、時間給で特定の季節や期間だけ働く家庭との差は大きい。ここ一〇年間で富裕層がさらに収入を大きく増やしたのに対して、貧困層の収入はほんのわずかな増加に留まっており、収入格差はさらに広がっている。今、米国の二割の子どもたちが貧困層で暮らすといわれている。そんな子どもにとってはスーパーマーケットでもらう紙袋が貴重だという。それがないと字を書く練習ができないそうだ。

格差の大きな社会に対して、子どもを守るためのスローガンを一斉に発しても、誰にも適切には届いていないのではないかと私は思う。

Part.8 子どもを持つ家庭への影響

大人の時間と子どもの時間

一二歳以下の子どもをひとりにしてはいけないというガイドラインに沿って暮らしていると、そのことが生活に影響を及ぼすことになる。

大人と子どもが（たいていは親と子という組み合わせになるだろう）家のなかにいるときは、それぞれが別のことをして過ごすことができる。しかし、親だけで買い物に出ることはできず、子どもだけで外に遊びに出かけることができないとなれば、外では大人と子どもの組み合わせで行動することになる。

ずっと昔なら、大人の仕事に子どもが付き合って手伝いをさせられたこともあるだろう。そのために遊び時間が削られていた子どもたちもいた。今でもそういう暮らしをしている子どもたちが世界の中にはいるはずだ。日本の高度成長期がほぼ終わってから生まれ育った私は、家の手伝いのために、自分の遊び時間がつぶされると感じたことはないけれども、私の親も小学生の子どもの遊びに付き合うために、家事労働や仕事をする時間がなくなるということはなかったはずだ。

今、子どもと親が外でいっしょに行動するとき、それは子どもの遊びに親が付き添うことだったり、子どもが親の買い物や娯楽に付き添うことであったりする。親と子がいっしょに暮らす生活を満喫できることでもあるが、ときにはお互いを束縛しあうことにもなる。

休日の数時間だけ子どもの外遊びに付き合う人はまた違った感じ方があるかもしれないが、たいていの大人は連日、数時間も子どもの外遊びにつきあっていると退屈になってくる。時には親も遊びに付き添い、学校の放課後だとママ友とおしゃべりしたくて、子どもが遊んでいる横で時間をつぶす。あまり知人のいない公園にいくときは、私は本を読んだり、携帯電話をいじりながら時間をつぶすことになる。

大人とともに消費活動………………………………

日用品や食料品の買出しにも子どもを連れて出なければならない。アメリカで書かれた節約本に「日用品の買出しには、できるだけ自分ひとりでいくこと。子どもを連れていくとよぶんなお金を支払うことになる」と書いてあった。私も同意する。自分ではサイフの紐をしめているつもりでも、子どもがおいしそうにながめている果物を買い過ぎたりすることがある。そして、時々はお菓子を買ってやるハメになる。

『Born To Buy』（Juliet.B.Schor, Scriber 2005）という本には、生まれながらにして消費者である子どもの様子が書かれている。少し古いが一九八一年と一九九七年の子どものの週単位での過ごし方が掲載されている（表2参照）。八歳までの子どもの遊び時間や誰かを訪問する時間は減少し、学校で過ごす時間、家庭学習、そして買い物に費やす時間が増えている。

子どもを連れて出かけなければいけない親と、親に付き添ってもらわなければ遊べない子どもの両方を満足させるのが、家族をターゲットにした商業施設である。米国では子どもを喜ばせるような遊戯場をつけた商業施設があちこちにあり、日本でもここ一〇年ほどでぐっと増えたようだ。ヨチヨチ歩きの年代から利用できるものが多く、

表２　子どもの一週の過ごし方

	3-5 歳		6 歳－8 歳		9 歳－1 2 歳		すべての年代の子ども	
	1981 年	1997 年	1981 年	1997 年	1981 年	1997 年	1981 年	1997 年
家事	2 時間 9 分	2 時間 20 分	2 時間 49 分	2 時間 7 分	5 時間 18 分	3 時間 42 分	3 時間 46 分	2 時間 49 分
買い物	2 時間 35 分	3 時間 44 分	59 分	2 時間 38 分	1 時間 57 分	2 時間 24 分	1 時間 52 分	2 時間 53 分
身支度など	6 時間 18 分	8 時間 32 分	6 時間 13 分	7 時間 53 分	6 時間 21 分	7 時間 53 分	6 時間 18 分	8 時間 5 分
食べること	9 時間 43 分	9 時間 24 分	9 時間 8 分	8 時間 5 分	8 時間 13 分	7 時間 23 分	8 時間 52 分	8 時間 13 分
睡眠	77 時間 19 分	76 時間 11 分	70 時間 4 分	70 時間 49 分	65 時間 36 分	67 時間 24 分	70 時間 1 分	71 時間 7 分
学校	14 時間 30 分	12 時間 5 分	27 時間 52 分	32 時間 46 分	29 時間 2 分	3 4 時間 3 分	24 時間 45 分	26 時間 48 分
勉強	25 分	36 分	52 分	2 時間 8 分	3 時間 22 分	3 時間 41 分	1 時間 5 3 分	2 時間 16 分
訪問	2 時間 58 分	3 時間 4 分	3 時間 40 分	2 時間 48 分	3 時間 48 分	2 時間 40 分	3 時間 32 分	2 時間 50 分
スポーツ	1 時間 31 分	4 時間 8 分	6 時間 1 分	5 時間 13 分	4 時間 51 分	6 時間 33 分	4 時間 1 5 分	5 時間 25 分
アウトドア	13 分	37 分	28 分	30 分	46 分	36 分	32 分	35 分
美術活動	28 分	1 時間 12 分	21 分	45 分	22 分	54 分	23 分	57 分
遊び	25 時間 50 分	17 時間 21 分	14 時間 58 分	11 時間 10 分	7 時間 24 分	8 時間 54 分	14 時間 30 分	12 時間 12 分
テレビ	15 時間 14 分	13 時間 52 分	15 時間 55 分	12 時間 54 分	20 時間 1 分	13 時間 36 分	17 時間 35 分	13 時間 29 分
読書	29 分	1 時間 24 分	59 分	1 時間 9 分	1 時間 3 分	1 時間 14 分	53 分	1 時間 16 分
家庭内の会話	37 分」	48 分	1 時間 7 分	30 分	53 分	27 分	53 分	35 分
その他の余暇活動	2 時間 59 分	2 時間 35 分	1 時間 58 分	1 時間 33 分	3 時間 24 分	2 時間 19 分	2 時間 53 分	2 時間 11 分
デイケア	10 分	7 時間 30 分	12 分	1 時間 33 分	18 分	24 分	14 分	2 時間 57 分

Born To Buy より

中学生ごろまでの子どもたちを対象にしていると思われる。

大型のショッピングモール内に子ども用の遊び施設を設置し、たとえば母親が買い物をしている間、父親がモール内の遊び場で子どもを見ている。私の家の近くレストランでは子どもが喜ぶような擬似ジャングルを作り、親はそこで食事を楽しみ、子どもは作り物の動物の動きを見て喜ぶ。私は行ったことがないけれど、テレビのコマーシャルで見たディズニー・クルーズでは、親はマッサージをしてもらい体を休めることができ、子どもはその間、遊びのプログラムに参加できるようになっているようだ。

私の住んでいるところは、冬の間は氷点

下以下に気温が下がる日が多く外遊びしにくい。大人が付き添って子どもを遊ばせるのには寒すぎるという条件がある。そのため、お金を払って室内遊びをする商業施設がいくつかある。大きな滑り台や登って遊べる遊具が組み合わさっている。子どもが遊んでいる間、親は退屈だ。だから、コーヒーショップを併設し、パソコンの無線ランを使えるようにしている。急ぎの仕事を抱えている親は、ここでパソコンを開けて、子どもがワーワーいっている横で熱心にパソコンの画面に向き合っている。商業施設だけでなく、子ども向けの体操教室、アイスリンクなどでも無線ＬＡＮが使えるようになっていて、子どもが習い事をしている間、親はパソコンをたたいている。

子どもの外遊び時間＝親がどこまで付き合えるか……………………

寒い日に外で遊ぶのは、もちろん寒い。まだ病気をしやすい乳幼児の子どもたちを外に出したくないと思う人が多いのは当然だ。ただ、小学生ぐらいなら防寒着を着て外で遊ぶことができる。

私が大リーグの取材をしていたとき、一〇月末に開催されるワールドシリーズは気温が一〇度以下まで下がることが何度もあった。しかも試合はテレビ中継の視聴率を上げるためにナイターである。試合前の記者会見ではお決まりのように「寒さは問題になりませんか」という質問が出る。私の住んでいる街よりも寒さが厳しいカナダ出身の選手らはアイスホッケーの経験者が多く「子どものときは冬でも外でアイスホッケーをして遊んでいたからね。こんな寒さはなんでもない」と言っていた。そういえば米プロアイスホッケーNHLのスーパースターだったウェイン・グレツキーを取り上げたDVDには、子ども時代に冬、氷の張った近くの川でアイスホッケーをするシーンが出てくる。

私も冬には池や湖に氷の張る土地に住んでいるが、外でアイスホッケーをしている子どもはあまり見かけない（氷上スケートが禁止されているところも多い）。大人が氷上で釣りを楽しんでいるのを見かけることがあるくらいだ。

体を動かして遊ぶ子どもなら、ある程度までの寒さには耐えられるだろう。私の住んでいるところでは、保育園や子どもを預かる施設では風が強くない場合は、摂氏〇度までは子どもを外で三〇分程度、遊ばせるようガイドラインで薦めている。うちの息子も雪が積もっていても、学校の休み時間は外で遊んでいるそうだ。スノーブーツをはいたままボールを蹴る雪上サッカーなるものを楽しんでいるという。学校の休み時間には監視員が見守っている。

しかし、家に帰ってからの外遊びは親がどれだけ子どもに付き合えるかによる。寒い日、暑い日、子どもの遊びに付き添う親はたまらない。ぼーっと突っ立っているのはつらい。何分か遊びに付き添うけれど、親が疲れてきて「帰ろう」ということになる。冬の間は、雪ソリ場のほかには、外で遊んでいる子どもをほとんど見かけない。私は学校が終わると校庭で子どもたちを遊ばせるのだけれど、晩秋から冬の間は外で遊んでいるのはうちの子ども二人という日が何度もあった。ロシア人の祖母を持つ姉妹とうちの二人の四人という日も多かった。親の生活スタイルがそのまま子どもに影響する。だからだろう、学校の休み時間は別として、冬は外で遊ばないものということが、子どもにも習慣として定着しているようだ。

私の住んでいるところとほぼ同じ気候で、より都会のシカゴは子ども用テレビゲームのマーケティング戦略に最も適した土地だといわれている。冬の間、外に出て遊ぶことが少ないので、子どもたちにゲーム機を配り、どのくらい楽しんでもらえるか、買ってでも続けたいものかどうかなどをテストするという。

私は子どもが家のなかで暴れるのはいやなので冬でも温水プールやスケートに連れ

出す。この温水プールは八歳以下（日本でも公共プールで子どもだけで入れる年齢は小学校中学年以上のようだ）は親の付き添いがなければ入れてもらえないので、私はその年に達していない二男のために毎回、水着に着替えてプールに入る。スケートも見ているだけでは寒いので、いっしょに滑っている。うちの家には今、テレビゲームはないけれど、家で子どもたちといっしょにテレビゲームを楽しんでいる家庭もあるだろう。中年になって、これほど子どもの遊びをすることになるとは予想外の出来事だ。

いつのころからか「子どもと過ごす時間を大切に」などというキャンペーンがはられているので、子どもといっしょに遊ぶのは、教育的にはむしろ良いことなのだろう。しかし、ときどき疑問が沸いてくる。子どもは親と始終いっしょで息苦しくはないのか。子どもはこんな状況で、自分で危機を乗り越えたり、決断する力を身につけられるのだろうか。

子どものプライベートを守ることの考えは日米で違う。米国では自分で衣服の着脱が出来る年齢以降は、子どもが着替えるときにはひとりにする。子どもがシャワーを浴びたり、風呂に入るときにはプライベートを確保する。入浴時に目が離せない小さな子どもたちは、親が服を着た状態でバスタブの外から世話をするのが一般的だ。育児雑誌には、子どもが家の中で遊んでいるときは、その遊びに干渉しないでひとりの時間、プライベートを確保してやるようにと書かれていた。それに二、三歳の子どもといえども親が着替えるときは、別の場所にいなければいけないことなどが躾けられている。

子どもの遊びに大人が付き添い、大人の消費行動に子どもが付き添う。休みの日には、親子で楽しめる娯楽施設や公園を探して出向いていく。そうなってくると、大人と子どもの違いは、朝起きて、仕事に出かけるか、学校に出かけるかだけの差ではないのかと思えてくる。

『Born To Buy』には、マーケティング戦略の変化も書かれていて、昔の子ども用品は母親にアピールするように作られていたが、今は直接、子どもにアピールするように作られているという。子どもはテレビを見て、その商品のCMを知る。親といっしょに買い物に出かける。おもちゃだけでなく、家族で使う電化製品や車でさえも、購入する際には子どもの意見が取り入れられるようになっているという。

親は忙しい……………………………………

始終、子どもに付き添っているアメリカの親たちは忙しい。疲れる毎日の様子を

『What Every 21st-Century Parent Needs to Know』（Debra W. Haffner, New Market, 2008）という本はこのように述べている。典型的な忙しい日の夕方は、大急ぎで子どもをファーストフードのレストランに連れていき食事をとらせる。その後、サッカーの試合に連れていき、家に帰って宿題をさせ、寝る時間が遅くならないようにと大急ぎで風呂に入らせて眠る準備をさせる。

子どもの多い家なら、もっと忙しい。毎日のようにこんな状態が繰り返される。日本に比べて帰宅時間の早いお父さんも出動して、放課後は両親がフル稼働であちこち送り迎えする姿がみられる。

近所の三人の子持ちのお母さんは、末っ子の小学校入学を機会に再就職活動をしていたが、子どもの習い事の送り迎えのやりくりがつかず、仕事に就くのを断念したと話していた。うちの家も、気候のよくなる春から夏は子どもたちが普段やっているアイススケートのほか、野球やサッカーに参加したがるため、夕方は大忙しだ。

早めにご飯を食べさせ「宿題が終わっていないと練習には行けないよ」とせかせて宿題を終わらせる。台所に食べた後の食器を散らかしたまま、子どもを車に乗せてグラウンドに出かける。私は上の息子の練習に付き添い、下の息子はあいているスペースで遊んで時間をつぶす。二男の習い事の日には長男は宿題を持って付き添い、施設内にあるベンチに座って頭を抱えている。たまには、コーチに携帯電話の番号を伝えて家に帰ってきて片付けをして、また車で迎えに行くこともある。

ずっと練習や試合を見ている保護者がほとんどなので、子どもだけをグラウンドに置いて、迎えの時間まで現われない保護者は時には批判の対象になることもある。「あそこの親は全然、子どものスポーツを応援しないのよ。練習が始まったら、子どもを預けたまま。練習とか試合を託児とかベビーシッターだと思っているんじゃないかしら」。そんな会話を時々、グラウンドで耳にする。

子どものスケジュール管理にうんざりすることもある。まるでマネジャーか秘書のようだ。子どもは春から始まる野球の練習と、冬の間から続けているアイススケートもやりたいという。子どもに「近所のグラウンドでバットを振ったり、休みの日にキャッチボールするだけで十分ではないのか」と尋ねたことがある。しかし、広場や空き地で草野球する子はおらず、子どもはクラスの友達もプレーしているチームで野球をしたがる。

別にアメリカの親子だけが忙しいわけではない。今や世界中のほとんどの親が忙しいのではないかと思うほどだ。日本でも、子どもの塾通いや中学生からは部活動などが忙しく、家族でいっしょに夕食を食べる日がほとんどないというのはよく聞く。時間帯や地域によっては、塾や習い事の送り迎えをしている家庭も多いだろう。アメリカではその送り迎えと付き添いにも時間が取られるため、夕食を作る時間さえなくなる。

米国の冷凍食品やレトルト食品、缶詰などの広告には子どもを持つ母親層を対象にしていると思われる、「サッカーの練習が忙しくても、これを利用すれば、栄養のある食事がすぐに用意できます」などというコピーがついている。あるレトルトのスープは、紙コップに入っていてコーヒーを飲むようにスープを食べられることをウリにしている。このテレビコマーシャルは母親役と思われる女性が、サッカーのフィールドで、子どもたちをミニバンに乗り込ませながら、片手でスープを飲んでいるという内容だった。

やりがいにもなるけれど……………………………………

私などは忙しい生活に不満が先に出るけれど、アメリカ人の親たちは、子どもたちとの忙しい日を楽しんでいる人も多い。習い事やスポーツなどでは自分がコーチを買って出て、いっしょに楽しんでいる人もたくさんいる。会社員として働く親（母親も父親も）でも夕方の帰りは早い。その代わり、日本の会社よりも朝の仕事開始が早い人もたくさんいるので、日本の親より長時間労働をしなくてもよい人が多いのかどうかは分からないけれど……。

たまたま息子の野球を通じて知り合いになったお母さんは四人の子持ちで、上の二人はサッカー、三人目は野球と毎日、練習と試合の送り迎えで大忙しだという。しかし、このお母さんは忙しいことを全く苦にしている様子はない。「子どもが忙しいのはよいこと。子どもを退屈な状態にさせておくとよくないから」と言っていた。別のお父さんは「家でビデオゲームをしているよりも、スポーツをして忙しくさせているほうがよい」と話していた。子どもがスポーツやその他の習い事、学校行事で忙しくしていて、それに親が付き添ってやることが親業のやりがいにつながっている人も少なくはないようだ。その言い分もよく分かる。

子どもが友達と退屈しないで、外を走り回って遊べるような機会が少ないのだから、その場をスポーツや他の習い事に求めるのは自然な流れだろう。それに子どもは学校では習えない技術を習得することができる。うまくいけば、大学入試や将来に役立つかもしれない。そんな計算も働く。親が子どもに「活動の場」を与えてやることは、親の仕事のひとつになっている。子どもの遊びや習い事に親が付き添うことで他の子どもたちの親との交流がはじまる。放課後に学校の校庭で遊ばせるときには、同じ学級のお母さんたちや近所に住んでいるお母さんたちと話をする。

スポーツなどの習い事で出会う親たちとは「どこに住んでいるのかは知らないが、名前と顔だけ知っている」という顔見知り、というところから付き合いが始まる。私は子どもを連れて温水プールによく行っていた時期があり、そこでいつも顔を合わせる人は銭湯で知り合いになった人のような気分になり、おもしろかった。スポーツやボーイスカウトなどの活動を通じて家族ぐるみの友人を得て楽しみを共有することができる。そのほかにも同じ学校内だけでは得られないような、他の学校区の情報や、よその地区によいコーチがいるなどの情報がまわってくる。

アメリカでは父親が子どもの学校行事や習い事に付き添っていることも多い。だから、野球やサッカー、アイスホッケーなどのチームスポーツから、音楽やガールスカウト、ボーイスカウトなど集団で活動する習い事を長く続けていると、その活動の場で出合った人たちと家族ぐるみの付き合いが始まる。親も自分の子どもだけでなく、他の子どもの名前と顔も一致してきて、チーム全体の世話を焼くようになってくる。
ただ、活動を楽しんでいるアメリカ人の親でも夕方のラッシュアワーから時には解放されたいと思う気持ちもあるようだ。私の住んでいる市では、初夏のころに一日だけ「ファミリーデー」というものを設けていたことがあった。その日は市や公共機関が主催している習い事などは全て休みになり、学校からも宿題が出ない。とにかく、家族でゆっくり夕方を過ごしましょうという趣旨である。
子どもがいろいろ活動をするのはよいのだけれど、子どもだけで習い事に行って帰ってきてくれればと私は思う。そうしたら、親の方はご飯を用意する慌しさだけで済むのにと思う。しかし、野球のグランドは片道七キロ（車でいけば、わずか十分だけれど）離れていて、たとえ中学生になっても、その遠さゆえに子どもだけでは往復できない。米国人のお母さんに「日本だったら、たいてい自分で行って自分で帰ってくるのよ」と話したら、「ここではひとりで行かしたりしたらダメよ」と警告してくれた。

ママ友づきあいの悩みは世界共通か……………………………

日本でもそうかもしれないが、今の私の暮らしでは、私がある程度、他の親と交流を持たないと子どもが友達と遊ぶのは難しい。数十メートル先にある近所の友達の家以外は子どもだけで友達を訪ねることは難しい。「クラスの○○くんと遊びたい」と言えば、その友達宅に電話をし「空いている日に遊びに来てもらえる?」と誘わなければならない。それは米国人でも、在米の日本人の子どもでも同じだ。子ども同士で約束してくることもあるけど、私が親として相手の子の親に確認をとらなければならない。預かる側の負担を考えて、よほど親同士の気心が知れていれば別だけれど、兄弟セットで遊びに行かせることはできず、それぞれがそれぞれの友達と遊ぶ。

親同士のつきあいゆえの気遣いもある。親が子どもの遊びに付き添っているからこそ、お互いの子どもを監視する基準を探り合わなければいけないことがある。他に子どもがいなければ許しているだろう高いところからのジャンプも、いっしょに遊んでいる他の子どものお母さんが「危ないからやめなさい」と言っていれば、私もそれに同調しなければいけない気分になる。遊び場では、他のお母さんを意識して、私のほうがつい「気をつけないとぶつかるよ」などと叫んでしまう。たぶん、子どもは気をつけないとぶつかるということを分かりながら、ぶつからないスリルを楽しんでいるのだけれど、相手の子どもがケガをしては大変と先制してしまうのだ。

私が子どものときにはまだ「子どものケンカに親が出るのはみっともない」という言葉があったけれど、私は子どもが他の子どもとケンカしていたり、ものの取り合いをしていると、ほかのお母さんの視線を感じて、すぐに「やめなさい」と止めに入ったり、必要以上に自分の子どもだけをきつく叱って、相手の子どもとその親に、親子で謝ることになる。もちろん、私の子ども時代でも、子ども同士で遊んでいて、自分の子どもが相手の子どもにケガさせたとなれば、気持ちは重く、相手の家に謝りに行ってはいたが……。

子どもの友達の親がいるからこそ、子どもの遊びに干渉してしまう場面が少なくはない。そこで、私は子どもの友達も預かることにして「家で片付けでもしてきて……。あとで送っていくから」と言うことにした。そうすると、よその子がケガをしないようにものすごく見張っていなければいけないのだけれど、一方で、自分の子もよその子も平等にしかったり、ケンカの仲裁ができる。

子どもへの影響……………………………………

子どもも親とずっと付き添って行動することの影響を受けているのではないだろう

か。数量的なデータはないけれど、親がずっと付き添っていることで子どもが不安な気持ちになりやすいということを指摘している心理学者がいる。一歩、外に出れば危険がいっぱいなので親が付き添わなければいけないという生活が、子どもに外は危険に満ちたものという意識を与え、不安な気持ちにつながるという。

公共放送で放映されている子ども番組でも「知らない人についていかないように」とメッセージを流しており、ＣＭにもそのような内容が流れることがある。これを見ていた四歳の子どもが知り合いの人の名前を挙げて「○○さんは知らない人なの？ 知っている人なの？ 危ない人なの？ 危なくない人なの？」と親に確認したがるようになったそうだ。

親や学校の先生以外の「承認外」の人物は「危険な人」だと思い込み、子どもの不安が増大する可能性がある。

ただし、実際には知らない人は決して危ない人にはつながらない。『National Crime Prevention Council』のアドバイスは次のようになっている。

もしも、子どもが助けを必要とするとき――何であれ、迷子であれ、いじめられたり脅かされたとき、不審者につきまとわれたとき——多くの場合、彼らにとって安全なことは知らない人に助けを求めることである。

近所に住んでいた中国出身の人は「子どもはもうすぐ中学生になるというのに、私の姿が家にないだけで、『お母さん、どこ』って聞いてくるの。ちょっと外で庭仕事しているだけなのに不安がるの。いつもいっしょにいるせいだと思う」と話していた。その人は中国で暮らした子ども時代は、すでに三、四歳から大きな子どもとともに子どもだけで遊んでいたと話していた。

私の長男は、知らない人やひとりでいることを怖がってはいないが、ひとりで登下校するのを嫌がることがあった。それはちょっとした事件があってからだ。

私は仕事を途中で終えて、子どもをいわゆる学童保育に迎えにいった。その日の学童保育では外で遊ばせてもらえなかったらしく、校庭で遊びたいというので遊ばせることにした。兄弟二人だし、場所は学校の校庭だ。午後六時までは学校には絶対に大人がいるのだし、まあ安全だろうと思った。そして、車に気をつけて自分たちで帰ってくるようにと言って、その場を離れた。

しばらくすると二人は歩いて帰ってきたのだが、長男がちょっと落ち込んでいる。聞けば、学童の迎えに来た他のお母さんが「どうして二人だけで遊んでいるの。お母さんはどこなの。おうちはどこなの。自分たちだけで帰るって本当なの？　本当に大丈夫？」などと、とても心配してくれたため、自分たちと母親である私が悪いことをしている気分になったとのこと。

私も、そのお母さんのことをよく知っているわけではなかったから、学校に「報告」されたら、ちょっとまずいかなと思って慌てた。長男に「お友達のお母さんはどんなこと聞いていた？　危なくないように心配してもらって、お礼を言わないといけないから」とそのときの様子を聞きだした。長男の説明を聞きながら、私がしていたのは言い訳を考えることだった。薄暗くなってきている時間帯に子どもだけで遊ばせるのは、この辺の基準で言えば、非常識なことで、子どもを危険な状態に置いていることになる。あまり物事に動じない性質の夫でさえも「学校に話をされたら、呼び出されるかもな」と言っていた。

次の日、私は学童に早めに迎えにいき、そのお母さんを「お礼を言いたいから」と待ち伏せした。そして、私は言い訳をした。「家はすぐそこなの。ちょっと緊急の用事があって、兄弟二人だから歩いて帰ってきなさいよって言ったの。それが急に暗くなりはじめたから私もびっくりして……。あんなこと、もう絶対にしないわ。しばらく見ててもらったみたいで助かりました。ありがとう」。前夜から考えていたセリフをまくしたてた。そのお母さんは「このごろ、すぐ暗くなるからね。お兄ちゃんのことはよく知らなくて何年生かなと思って。無事に家に帰ってくれたらそれでいいのよ」と言ってくれた。

こんなことがあってからしばらくは、長男は子どもだけで遊んだり、自分で登下校するのを嫌がるようになった。「他のお母さんが心配して、いろいろと聞かれると嫌だから」という。

夏休み、子どもたちは日本の祖母の家に滞在するのが恒例になっている。日本では息子たちはひとりで外へ遊びに出かけていた。おつかいにも行かせた。アメリカの夏休みが明けたときも、子どもにはその習慣が残っていて、当たり前のように子どもだけで学校へ出かけていた。しかし、友達みんなが親に付き添われているのと、よそのお母さんから「危ないから、いっしょうに行きましょうね」と親切にしてもらったことが何度かあったことから、子どもだけで登下校するのを中断したことがあった。

いつの間にか私も不安病に

米国で子どもを育てていて、どうしてこうも小学生の子どもに付き添っていないといけないのかと感じる。

私には日本の小学生の姿が浮かぶ。日本なら小学生は大人に付き添われなくても自分で歩いて登校し、歩いて家まで帰ってくる。日本でも昔ほど子どもが外で遊んでいないというのはよく聞くけれども、それでもゲーム機を首からぶら下げた子どもが、子どもだけで公園に集まってきているし、自転車に乗って習い事に出かける小学生の姿もよく見かける。

交通事故の危険は実際にあるとしても、米国の中流家庭では子どもが誘拐や犯罪に巻き込まれることを過剰に恐れているのではないかと感じる。常に誘拐や犯罪に巻き込まれる危険を前提にして子どもの安全を考えていることで、子どもを守り育てることのハードルが高くなっていると感じることもある。

そんなふうに米国人の子育てを見ているくせに、私自身も知らず知らずのうちに不安病にとりつかれている。

私はときどき、子どもだけで学校まで歩いて登校させている。そして、ときどき子どもだけで歩いて家まで帰らせてもいる。日本では当たり前のことだ。入学したての数週間はともかく、子どもの学校生活が軌道に乗れば、親の方も「今日は無事に帰ってくるかな。誘拐されてないかな」と毎日、毎日、心配することではないだろう。

しかし、ときどき子どもを歩いて登下校させている私は不安になる。「無事に学校に着いているか。他のお母さんたちに面倒を見てもらっていないか。まさか誰かに連れ去られているなんてことはないだろうけど」と思う。

私には「子どもが自分だけで登校して無事に帰ってくる」、「夕方、約束した時間になれば外で遊んでいた子どもは帰ってくる」ということが毎日の習慣として根付いていない。他の保護者に面倒を見てもらってばかりではいけないと思い、ときどきしか、子どもだけで登下校させていない。夕方の車の交通量の多さを危ないと感じることと、近所の人に「あの家はいつもいつも、子どもが親の目の届かないところで遊んでいる」と思われてはいけないと思い、平日の夕方はできるだけ同じ通りに住む友達か裏の家の友達と遊ぶように言っている。子どもだけで登下校すること、子どもだけで少し離れた友達の家へ行くこと、それらの冒険は時々だけさせている状態になってしまっている。

毎日、電車通勤や通学をしている人は、毎朝、今日は無事に職場や学校に着くことができるだろうか、と不安に思う人はいないだろう。電車は時間通りにやってきて、事故はめったに起こらない。駅の構内で怖い目に遭うとも考えにくい。毎日、毎日、無事に学校や職場に到着することが繰り返されれば、不安は感じなくなってくる。

毎日、子どもが自分で登下校をし、無事に学校へ行き、無事に家へ帰ってくる。「遊びに行ってきます」と言って出ていった子どもが、だいたい言い聞かしておいた時間に無事に帰ってくる。そういえば、日本では公園に時計がついているところが多かったけれども、私の近所では時計のある公園は見かけない。

私と私の子どもにとって、子どもだけで学校へ行ったり、図書館へ行ったり、少し離れた友達の家にいくことは日常でない。少し特別なことだ。

しかも、周りを見回しても、子どもだけでの行動を許しているのは明らかに少数派。近所の人が、中学生の子どもがいつも帰ってくる時間より四－五分遅いのを心配して、午後三時の昼下がりに深刻そうな顔で家からスクールバスのバス停まで歩いていくのを見かけると、なんだか私まで不安になってくる。

子どもだけで登下校すること、遊ぶことは何か特別なことをしている気分になる。

私は特別なことをするために、いつもより余分に心配することになる。

不安を感じるのは悪いことばかりではない。本当に危険があるとき、どういったことが危険なのか見極めるとき、不安を感じることでそこから逃げることができるだろう。けれども、毎日、子どもを絶対に安全な状態にする暮らしをしていると、確率的には危険でないと思われることでも、習慣を少し変えて、小さな一歩を踏み出すのが怖くなる。「子どもにずっと付き添っていないと安心できない」ことが多くの親の気持ちのうえでの基準になると、その基準を少しでもずらすのは難しくなる。それが、米国人の親たちの現状で、私もその不安の渦にたやすく流されている。

Part.9 ミシェル・オバマ「レッツ・ムーブ」

子どもの肥満対策

米国の子どもに肥満が増えていることは、社会的な問題になっている。子どもが肥満になる原因はいくつか挙げられていて、食事が清涼飲料やお菓子、揚げ物料理などに偏っていて、野菜や果物を食べることが少ないことや、体を動かす活動が足りないことだ。そのほかにも胎児期の母親の食生活が影響している説などがある。

私の周りには、既製服が合わないとか、走ることができないなど日常生活に支障をきたすほどの肥満という子どもは少ないが、小太り体形の子どもは多い。太り気味の子どもを持つたいていの親たちは、自分の子どもが肥満であることを認めたがらず、成長過程で、成長が早いだけと思い込みたがる傾向があるという。

二〇一〇年二月にはオバマ大統領夫人のミシェル・オバマが子どもの肥満を減らそうと「レッツ・ムーブ」というキャンペーンを打ち出した。米国政府が、肥満児対策のなかで子どもが体を動かしていないことを問題視している。

ホワイトハウスがリリースした資料によると、米国ではこの三〇年間に子どもの肥満が三倍になり、二〇〇〇年以降に誕生した子どもは将来的に三人に一人が肥満が原因となっている病気に罹患すると予測されている。このままいけば、医療費の高騰にもつながり、肥満に関連する病気の治療に年間一四七ビリオン（一四七〇億ドル）費やすとも予想されている。

オバマ夫人は「全世代の肉体面、感情面の健康と健全な経済とわが国の安全がかかっている。これは一夜にして解決する問題ではないが、すべての人が共に動くことによって解決できるものです。そのために動きましょう」と呼びかけている。

オバマ夫妻には二人の娘がいるが、二〇〇八年の大統領選のときには、両親が大変に忙しくて夕食をピザなどで済ますことが多くなっていたそうだ。このキャンペーンの開始から、オバマ夫人があちこちで子どもといっしょにフラフープをしたり、フットボールやサッカーをしたり、走り回っている姿が新聞や雑誌、インターネット上で見られるようになった。

「レッツ・ムーブ」では保護者、学校、市長などの地域の政治家、地域、医療関係者、調理師、そして子ども自身を啓蒙しようとしている。

保護者向けでは次のような内容だ。

1. 新鮮な果物を入れたボウルをおやつとして子どもの手の届くところにおきましょう。
2. 夕食後、家族で散歩しましょう。
3. 一週間の食事メニューを計画しましょう。メニューの計画や料理に子どもも参加させましょう。
4. 食事のときはテレビを消し、家族の時間にしましょう。
5. 学校長と学校の健康チームを組織することについて話し合いましょう。

食事の面ではスナック菓子や袋菓子ばかり食べさせずに、果物や野菜をより多く摂るようにということを強調している。安くて手軽に食べられるファーストフードに偏りがちな一般的な米国人の食生活を改めるよう、家族で食材を選んで買うことや、砂糖の摂取量に気をつけること、適量を食べることなどが指導されている。またアイデアとして果物や野菜を多く使ったレシピが紹介されている。

子どもが体を使って活動することについて親向けのアドバイスはこんな内容だ。

あなたの家族が肉体的な活動を増やす最良の方法は、あなたも参加することです。活動は家族がいっしょにできて、楽しいものになるはずです。子どもたちは一日に少なくとも六〇分の肉体的な活動が必要ですが、一度にやらなくてもかまいません。短い散歩、体を動かす雑用、犬の散歩などです。家族全体が楽しめる活動を考えましょう。テレビやコンピューターから離れ、ソファーから立ち上がりましょう。

このホームページにはダウンロードできるカレンダーがついていて、これは家族が健康的な食べ物を食べたかどうかの記録と、何分間、運動したかを記録できるようになっている。

家族全体で体を動かすのに最もよい方法は、スケジュールを立てることだそうである。家族がそろう時間を選んで、散歩やスポーツ、体を動かす用事をするのがいいと書いてある。

このほかには、どんな遊びをするのがいいのかが紹介されていて、鬼ごっこ、縄跳び、フラフープ、ダンス、ダンシングビデオゲームでもよいとされている。家族全体で家事をすること、誕生日や記念日のパーティーにはサッカーやバレーボール、ハイキングなどの活動を取り入れる。車を使わずにできるだけ歩くようにする。車を使うときには少し離れたところに駐車するようにして、目的地まで歩くようにする。家族でチャリティマラソンに参加する計画を立ててトレーニングする。

これを読んでいると、私は「親のみなさん、がんばれ」と言われている気分になる。学校への登下校に付き添い、栄養バランスを考えてスナック菓子や砂糖漬けのお菓子を避けて、健康的な食事を用意し、子どもが最低一日六〇分間、体を動かすのに付き合う。学校からは宿題をやり終えたかどうか確認して、サインをするように言われているし、低学年は親が付き添って一日二〇分程度、本を読むようにとも言われている。他のしっかりした親なら出来ることなのかもしれないが、これらを全部やろうと努力すると、私などは子どもの健康を守るまえに、自分の健康と精神的な安定が損なわれるのではないかと心配になってくる。

地域へ……………………………………………………………………

地域への提案もある。食生活や親をサポートすることを薦めている。食事の適量を把握できるように集会時に用意するお皿を小さくすることや、子どもの集会時に用意するおやつに配慮することなどが書かれている。

また、子どもが体を動かす機会をより多く持てるように、マラソン大会やウォーキング大会などを企画すること、地域のスポーツチームを援助することなどが挙げられている。公園や遊び場に出かけやすいように工夫をし、子どもたちがいっしょに活動できる場を提供し、放課後活動の機会を増やすことにつなげるよう求めている。

私が親として、これが実現するとありがたいと思う内容もあった。「子どもが歩いたり、自転車に乗ったりするのに安全な道を確保すること」である。すべての道に歩道をつけることはできないかもしれないが、車を運転する人が住宅地内では子どもが遊んでいることを前提に、注意を払い、スピードを落としてくれるだけでもありがたい。

私は都会の下町で生まれ育ち、子どものときには広場らしき広場がなく、遊び場は不足していたと思う。それでも、休日には「歩行者天国」のように、道路をフェンスのようなもので区切り、車の進入を禁止し、子どもが遊べるようになっていて、うれしかったのを覚えている。車がないと生活できない米国では、周辺道路が込み合ったり、子どもを持たない家庭からは不満が出そうで「歩行者天国」の実現は難しいと思うけれども……。

車社会の章でも取り上げたように住宅地内でも時速二五マイル（時速約四〇キロメートル）、学校内では一〇－一五マイル（時速一六－二四キロメートル）の速さで車が走っている。交通事故を完全になくすことは難しいだろうが、車の運転に支障をきたすから子どもに道を歩かせないようにという考え方では子どもの遊びを奪う。子どもが道を歩いていることを前提に運転してもらえるだけでも、変化があると思う。

……………………………………………………………運動をするといいことがいっぱい！……………………………………………………………

子どもへのメッセージとして運動をしているとメリットがあるとも説いている。

・ストレスが軽減します。
・自分自身についてよりよい感情を持ちます。
・学校で勉強することにより準備ができていると感じるようになります。
・健康な体重を維持できます。
・健康な骨や筋肉、関節を作り、維持できます。
・夜、よく眠ることができます。

子ども向けにも当たり前のようにテレビの視聴時間、テレビゲーム、コンピューターの使用時間を減らすことも書かれているのだが、そのアプローチの方法のひとつは、私には「アメリカ」を感じさせるものだった。テレビを見たり、コンピューターゲームをする人は、休憩を取り、コマーシャルの時間を利用して運動することを呼びかけていた。それは米国のテレビコマーシャルでよく見かける、大人向けのエクササイズ器具の宣伝と同じであるからだ。テレビを見ながら簡単にエクササイズというのが、それらの器具のウリである。

つい最近、おもちゃ屋で子ども用のトレッドミルを見かけた。大人のマネをしたがる子どものままごと道具という見方もできるが、一日に六〇分運動しなければいけないとされた子どもが、テレビでアニメを見ながら機械の上を走るのかもしれない。

コマーシャル時間を利用してできる運動として、

・ジャンプ
・ダンス
・階段の昇り降り
・腹筋運動
・ストレッチ
・その場駆け足
・背筋運動

などをあげている。

「運動」か「遊び」か……………………………………………………………………

ミシェル・オバマも雑誌のインタビューでは「運動」としてでなく、「遊び」として体を動かすのがよいとしている。しかし、大人の意識が子どもに六〇分間運動させることに傾くと、「遊び」から離れていくような気がする。

これはオバマ夫人のキャンペーンが始まる以前の出来事だが、ある日、私が公園にいると幼稚園ぐらいの子ども二人が母親に連れられてやってきた。子どもたちは「ブランコにのりたい」と言っているのだが、母親は「今日は二〇分しか公園で遊べないのよ。ブランコでは運動にならないわ。二人でもっと走るような遊びをしなさい」と言っていた。

私も他人事ではない。このレッツ・ムーブのホームページを読んでから、六〇分が頭にこびりついている。そして「もう一時間も外で遊んでいるわ。そろそろ中に入れて、宿題させないと」などと思ってしまう。

キャンペーンでは解決できない？……………………

オバマ夫人の「レッツ・ムーブ」キャンペーンは、米国の肥満児を減らすための対策としては正しいが、恐らく目的を達することはできないだろうという意見がある。

米国の肥満児の問題は最近になって急に注目されはじめたものではない。二〇〇〇年時の調査ではすでに子どもの肥満は子ども全体の一六%に達していた。その時点でも肥満対策が行われていて、二〇一〇年には五%にまで減っているはずだった。ところが、今では子どもの三二%が肥満と診断されているのである。

デンバーポスト紙には、一九七〇年代の子どもの様子が書かれていて、四〇年前の子どもたちも砂糖の入った清涼飲料水を飲んでいて、ハンバーガーのファーストフードでは子ども向け商品の売り出しが開始された時代であるとしている。四〇年前の子どもも野菜や果物を十分にとっていたとはいえないが、肥満児の数は今より明らかに少なかったと指摘している。昔の子どもは運動量が多かったから、肥満になりにくかったとしている。学校の昼食に野菜と果物の献立を多くし、公共施設の自動販売機では低カロリーで健康的なおやつを販売する。しかし、それだけでは解決にはつながらないのではと予想している。

米国の生活スタイルがそのまま子どもの肥満にあらわれており、アメリカ文化が変わらない限り肥満は減らないだろう。どこへ行くにも車で移動する車社会であり、テレビやテレビゲーム、ビデオ、ＤＶＤの普及に加えて、幼稚園からコンピューターの使い方を教えている。子どもの送迎に忙しい親たちは食事を作る時間を確保できず、推奨されていない食事と知りながらも安いファーストフードの店へ走ることになる。貧困世帯では、生活費を稼ぐために長時間労働になり、四人で二〇ドルあれば足りるファーストフードの店へ行くことになる。健康的な食事を用意するのにはお金と時間がかかるし、子どもを運動させるのに親が付き合うとなれば、親の努力が必要になる。両親とも仕事に忙しいが経済的に余裕がある家庭では、放課後の託児ケアによるプログラムに期待したり、スポーツ系の習い事をさせることになるだろう。低所得層ほど、子どもの肥満が多くなる。

アンタッチャブルな問題

アメリカ文化を変えない限り肥満児は減らないだろうという主張はもっともだろう。そのアメリカ文化のなかには「子どもだけで外で遊ばせるのは危険なこと」という生活スタイルも含まれている。

私の住むミシガン州でも、夏休みを前に「NO CHILD LEFT INSIDE WEEK」というものが知事から発令された。どの子も室内に残しておかない週間、子どもの外遊び週間ということになる。子どもたちが少なくとも一日に一時間は外で過ごす重要性を改めて認識するためのもので、州の自然環境局がいくつかの外遊びの機会を紹介、提供するという内容だ。

州の担当者は「私たちは子どもが外で過ごすとき、肉体的、心理的、精神的に大きな利点があるのを知っています。最近の子どもたちは彼らのアウトドアの経験を再構築することが必要です。多くのケースでは子どもたちは彼らに人気のテレビのキャラクターやビデオゲームには詳しいのに、裏庭の動物や自然についてはあまり理解できていません」としている。

州は全ての子どもたちに外での活動を経験させるべきだとしていて、湖へ出かけること、樹齢百年の樹に腰掛けること、魚釣り、花を植えること、ハイキング、獣道の探検、かえるの声を聞く、川でのカヌー、カヤック、キャンプファイアーなどの活動を挙げている。州側からの支援として州立公園で右のような内容を含む家族向けの特別イベントを開催している。

この他にもカリフォルニア州知事からは「チルドレンズ・アウトドア　ビル・オブ・ライツ」というキャンペーンがあるなど、二〇〇八年には米国三九州でアウトドア月間があった。アウトドアや外遊びについて人々の注目を集めて、啓蒙するのを目的としている。

しかし、子どもを持つ家庭が家族で楽しめるようにという前提で薦められているものがほとんどだ。地域に向けて自転車専用道路の設置や整備を呼びかけたり、公園や広場の充実を呼びかけたりはしているが「学齢期の子どもが子どもだけで安全に遊べるようにする」という意見はなかなか聞こえてこない。

一〇〇%の安全はない。子どもだけで遊んでいて事故や事件が起きたときには大きな責めを負うことになる。公的機関としては、子どもだけで遊ぶことを論じることは、アンタッチャブルな事柄になっているのではないかとさえ感じる。

実際に治安の悪い場所では、昼間であっても麻薬の売人がいたり、稀ではあるけれど発砲事件などもある。地域ごとの事情が違うので「比較的安全な地域の子どもは、子どもだけで遊んでよい」とも公的機関は言いづらい。子どもの年齢で区切るのも難しい。

親の判断のよりどころが「知らない人は危ない人」であれば、子どもを子どもだけで外で遊ばせることはできない。親だけでなく、それが隣人や世間の判断基準であれば、子どもだけで遊ばせている親は「育児を放棄している」ことになる。

公的機関から、家庭内で子どもと防犯対策について考えること、危険について考えることを促すメッセージがもっとあってもよいのではないだろうか。その話し合いの結果「だから、親がいつでも子どもに付き添う」ことではなく、「子どもだけで遊んでもまず安全な場所や時間帯」を見つけられればと、私は思う。

Part.10

似たような考え方の人を見つけた

安全に関する感覚の違い

近所に住む子どもの友達は、親の見守りがないと裏庭でも遊ばせてもらえないという。小学校二年生と一年生の兄弟だ。お母さんは「やっぱり誘拐とかが怖い。ガレージの中ならいいってことにしているの。みんなそれぞれ心配する範囲が違うけど、私は常に子どもの姿が見える状態でしか遊ばせていない。子どもにもそういってある。ママの見えるところだけで遊びなさいって」と言っていた。

学校の帰りにこの家で遊ばせてもらったことがあった。裏庭には、米国の一戸建ての家でよく見かける小さな遊具がある。ブランコと滑り台、砂場の三点セットだ。私とお母さんはガーデニング・ファニチュアのいすに腰掛けて、子どもたちが遊ぶのを見ていた。そこで紙パック入りのジュースをごちそうになった。

私は、家の裏庭なら子どもだけで大丈夫と思ったけれども、それは口にしなかった。「危険を認識できない日本人のお母さん。子どもを預けられない」という印象を与えたくなかった。そういう印象を与えれば、うちの家に遊びに来てもらえなくなると思ったからだ。

だから、私はめったなことでは、米国人のお母さんに「子どもだけでも大丈夫じゃないの？」とはっきりと話すことはない。それとなく、話の中に持ち出すことはあるけれども……。「私が子どものころは、子どもだけで遊んだものだけど」とか「日本でもだんだんと親が付き添って公園にいくようになっているみたいだけど、学校はまだ、子どもたちだけで行っているよ」とか話して、米国人のお母さんの反応を見ることもある。

米国以外の外国出身者であるお母さんや、登下校に付き添っている祖父母たちは、比較的、私と同じ感覚を持っているのではないかと感じる。おばあさん世代といっても六〇代だろうが、「おばあちゃんの見えるところで遊びなさい」と言いながらも、ベンチにどっかりと腰を下ろし、子どもたちの姿が校舎裏の森に隠れても数十分は何のアクションも起こすことなく「高学年の子といっしょだから大丈夫だわ」と心配していない様子だ。

今のアメリカの常識に馴染んでいない私のような外国人のお母さんたちと、三〇年前の基準で子どもに付き添っている祖父母世代は、子どもの遊びに付き添うことについて今のアメリカの親世代の感覚と違うものを持っているように感じる。

似たような考え方の人……………………………………………………

私は「子どもだけでも大丈夫」と米国人の母親に話すことを避けていて、私の子どもが子どもだけで行動するときにも、子ども自身が危なくないか気を配ると同時に、周りの人々の反応をうかがっている。しかし、米国人のなかにも私と同じように口に出せないだけで、同じ感覚、同じ疑問を持っている人はいるにはいるようなのだ。

アパートの敷地内で車が通らないところならば、四歳と六歳の子どもを子どもだけで遊ばせてもよいだろうかという質問を耳にしたことがあった。親の感覚では子どもだけで大丈夫だろうと判断しているのだけれど、子どもだけの状態に置いていることを誰かと話し合い、誰かに肯定してもらいたい気持ちがある。

『Free Range Kids』（Lenore Skebazy, Jossey-Bass, 2009）という本がある。「Free Range」は「放し飼い」という意味で、オーガニックの卵を買うときにも見かける。柵に閉じ込めずに飼育しているニワトリのことを指している。

この本の著者はニューヨークに住んでいて、九歳の二男をひとりだけで地下鉄に乗せたという。本を書くための「実験」ではなく、子どもがひとりで地下鉄に乗って家まで帰ってくることができる年齢に達したという確信を持って実行に踏み切ったそうだ。日曜日の日中、携帯電話は持たせずに、地下鉄の路線図と緊急用の二〇ドル、公衆電話を使うときに必要な小銭だけを子どもに持たせた。子どもは一時間後、無事に家に帰ってきたという。

著者が新聞のコラムにこの話を掲載したところ、大問題になった。掲載されたその日の夜に有名なトークショー番組から電話がかかってきて出演を依頼された。最初はインタビューに答えていたが、途中、育児の専門家から「もっと安全な方法で独立心を養う方法があったのではないか。たとえばあなたが後をつけるとか、友達とグループで行動させるとか」と指摘され、母親としての著者を〝再教育〟させるような雰囲気であったという。

その後にも別の二つの局の番組に出演したのを皮切りに、ラジオやカナダなどの海外テレビ局や新聞、雑誌などが一挙に取材に押しかけてきたそうだ。そのほとんどが、著者の親業の姿勢を問うものであった。そしてメディアによってつけられたニックネームが「America's WORSTEST MOM（アメリカ最悪の母）」であった。

私はこの著書の全てに賛成はしていないけれど、過度に心配することをなくす子どもたちに自由を与えようという思いは同じだ。この本に紹介されているエピソードを読み進めるうちに私と同じように悩んでいる人がいることが分かる。子どもだけで行動させることで、隣人や他の親から非常識と思われるのではないかと、つきあいの難しさも感じている。私のような外国人の母親でなく、米国人の母親であっても「子どもだけの状態にすること」について、米国人の隣人や子どもの友達の親からの厳しい視線を感じているのだ。

『Free Range Kids』の本文中や読者も参加しているウェブサイトで親たちの悩みが明かされている。一〇歳の子どもが友達と遊びたいと言うので家で遊ばせていた。子どもとその友達を連れて近くのアイスクリーム屋に連れていき、「しばらくしたら迎えにくるから店内で食べているように」と言ってその場を離れた。ちょうど、その間に子どもの友達の母親が家まで迎えにきたので「今、二人でアイスクリーム屋にいるよ」と話したところ、「子どもだけにしたのですか」とびっくりされ、自分の子どもと遊んでくれることがなくなったという。

また別のエピソードでは小学校高学年の子どもを家で留守番させて、自分だけ短時間の間、外に出た。近所の人に「子どもはどうしているの?」と聞かれたので「家で留守番している」と答えたところ「火事なんかになったらどうするの。強盗も心配」ととても心配されたという。それ以降、子どもを留守番させづらくなった。

一四歳の子どもが線路脇にブラックベリー摘みに出かけていたところ、パトロール中の警察官に保護された。不審なことをしているのではないかと疑われ、警察官に付き添われて家に帰ってきたという。ブラックベリー摘みに出かけた子どもの親が、その後の対応として、子どもだけで外出させるときにはカードを持たせるようになった。カードにはこんな内容が書かれている。「私は迷子ではありません。私の親は私がどこにいるか知っています。もしも、私の行動に疑問があるときは私の親に連絡してください。電話番号は次の通りです」。

警察に出向いて話をつけたお母さんの話もある。

午後五時に子どもが近所のグラウンドにサッカーの練習に行くために歩いていたところ、警察官からいろいろと質問を受けた。母親はその後、警察官の上司と話をする機会を持ち「子どもはもう小学校四年生で、明るい時間帯なら近所のグラウンドまで安全に歩けると考えて歩かせています。もちろん、私は子どもがサッカーの練習にいくために歩いていることを了解しています」と説明したところ、警察官から理解を得られたエピソードが紹介されている。

子どもだけで行動させることで、不審者や事故に巻き込まれる心配をするよりも、隣人や友達からの信頼を失うこと、子どもが友達をなくすことを恐れている人は少なくない。

付き添い・監視型の子育てに疑問を持つ人たちは少なくはなくても、それを大きな声で言うのは憚られている。どちらがより安全かといえば、子どもにずっと付き添っているほうが安全であることは疑いがないし、議論しても勝ち目はない。

『縦糸横糸』（河合隼雄著・新潮文庫、二〇〇六年）には、

アメリカ人は「正しい」ことが好きである。アメリカにおける「たばこ拒否」の現象を見ても、その一端がうかがわれる。確かに、正しいことを遂行すべきであることに反対はできないのだが、このように強力に正しいことをすすめ、「勝者は正しい」と考えはじめると、これに対抗してゆくのが実に大変だということもわかるだろう。

と書かれている。

子どもに付き添って安全を確保した上で遊ばせるのが「正しい」ことであるなら、付き添いはほどほどに、という考え方を前面に押し出すのは大変だ。

大人たちが「付き添うのは当然」という前提で暮らしており、子どもだけの遊びが必要かどうかは論じられている気配はない。公的機関では、責任回避のためにあえてその議論を避けているのではないかと思うことさえある。

「Free Range Kids」のブログでは、親たちが子どもに適度な自由を与えたいということで奮闘している例も書き込まれている。近所の友達も親から許可をもらって、うちの子どもと二人で歩いて登校できるようになりましたなどと書かれている。日本では学校や地域が中心となり、子どもの登下校や遊びを見守る活動がある。アメリカの親たちは、同志で「活動」をしないと子どもだけで行動させることが難しい状況にある。

子どもを子どもだけで遊ばせることの利点は数値では計測できない種類のものだ。かろうじて数字で表せるものは外遊びの減少に伴うと推測される肥満児の増加である。肥満児の問題からのアプローチで子どもに外遊びをさせるべき、公園での事故よりも家の中で起こる事故の方が多いのだというデータを引用して、外遊びをさせることは危ないことではないと、主張している人もいる。

小児科医や大学教授が警告

私はただの母親で、子どもだけで遊ぶ経験があったほうが「楽しそう」「子どももしっかりするのではないか」と感じるだけで、何の科学的根拠も教育理論もない。「親が付き添って安全を確保したほうがよい」と言われれば、反論できる明確な根拠は何もない。

しかし、アメリカの小児科医で子どもの自由な遊びの重要性を訴えている人がいるのを知った。この小児科医は「子どもが自由な遊びをしなくなると、アメリカは想像力やリーダーシップのない大人を作り出すことになります」と主張している。

アメリカは自由な発想を大事にし、何度も挑戦する機会を与えてくれる、そのようなアメリカの雰囲気が様々なモノを生み出してきたはずだ。それが、子どもだけの自由な遊びが制限されることによって、自由な発想のできる大人が少なくなるという。

この小児科医の発言とともに、子どものころ、私の住む市にいた祖父母を訪れてよく遊んだという大学教授の話もあわせて市の講演会で聞いた。

講演のタイトルは「No Child left inside（どの子どもも家の中に残さない）」で、外での自由な遊びを推奨する内容だった。

講演を主催した市では「外で遊ぼう」ということをテーマに捉えているらしかった。私の住む市だけでなく、政府も州も「外で遊ぶ」ことを推奨している。オバマ大統領夫人は子どもの肥満を減らすために運動することをすすめている。

しかし、講演会を主催した市でも、子どもの遊びにどこまで親が付き添うか、子どもだけで外遊びする経験があったほうがいいのかどうかという議論は最初からないものとされているようだった。市が配布した外遊びをすすめるプリントには「安全が第一です」、「親が友達と遊ぶ日をセッティングしてあげると、とても楽しめます」などと書いてあった。アンケート用紙も配布され、どのくらいいっしょに子どもと外遊びしているか、週に何回くらい外遊びしているか、キャンプなどの野外活動をしているかなどという質問が並んでいた。

この講演会は三月末の開催だったが、六月半ばからの夏休みに備えて、様々なサマーキャンプを主催する業者や野外活動用品を販売する業者のブースもみられ、カヌーやテントを展示して、子どもたちにカヌーに乗らせたり、テントの中に入らせたりしていた。

ミシガン大のエリザベス・グッドナフ教授の講演の内容だけは「子どもだけで遊ぶこと」にかすかに触れているような気がした。郊外の親たちが誘拐などの犯罪を恐れて、子どもに外遊びをさせていない様子を取り上げていた。天気のよい日に家のなかで何人かの子どもたちがテレビゲームをしている姿を映し出すのと同時に、子どもが誘拐される数は減っていますというグラフを紹介していた。

グッドナフ教授は「子どものころ、私には秘密の遊び場があり、そこでぼんやりするのをとても楽しんでいました。みなさんの子どものころの秘密の場所はどんなところですか」などと話していた。「秘密の遊び場」はたいていい子どもだけの場所だ。親がいれば、そこは秘密の遊び場にはなりにくい。しかし、質疑応答でも「学校の休み時間を長くしたほうがよい」とか、「休み時間に思い切り体を動かすことは脳の働きによいのではないか」などの質問が主で、子どもだけで遊ばせてもよいかどうかは話題にのぼらなかった。

私は講演者に質問した。「うちの子ども二人は外遊びを好むので、私はできる限り子どもの外遊びに付き合っています。でも、時々、子どもだけで遊ぶことができたら、子どもは一日中でも外で遊んでいられるだろうにと思います。もちろん、近所だけとか、近くの公園だけとか、午後何時までとか安全には十分気をつけるつもりではいます」と持ちかけた。講演者は「私もその気持ちはよく分かります。次の研究には、そのことも取り上げるつもりでいますから、そのときにはお知らせします」と答えてくれた。私と講演者が話し合ったのは、犯罪は恐れるほどには発生していないのだということと、現実に危ない交通の安全に配慮すれば、子どもだけで遊ばせることも可能だということだった。講演者のグッドナフ教授からはＰＴＡや学校に働きかけ、賛同してくれる親とグループを作り、親が交代でゆるやかに子どもを見守る活動をしたほうがよいとの提案があった。

そして、研究者の中にも子どもが出会うリスクについて意見を述べている人がいる。テキサス大学の元教授ジョー・フロストは「なんらかの理由であれ、子どもたちをケガをする全てのリスクから保護する必要があるという考えはよくある誤解である。現実の世界では、人生は危険に満ちている――経済的、肉体的、感情的、社会的に――妥当な危険は子どもが健康に育つ上で不可欠なものである」と話している。

「Free Range Kids」とグッドナフ教授の講演に参加していなければ、私はこの本を書き始めてはいなかった。米国人の母親の中にも同じ感覚の人がいることが分かったからだ。

しかし、まだPTAや学校には何も働きかけられないでいる。隣近所や子どものクラスの友だちに「いつでもうちで預かるから、いっしょに遊ぼう」と声をかけて歩き回っていること、それとなく近所のお母さんや親しいお母さんに「ずっと見てなくても大丈夫そう」と話し、少しずつ子どもだけで行動できる範囲をじわじわと広げているだけである。

非力な私ができるのはこれくらいだ。

Part.11

代替案を探す

「枠」を目一杯使う

子どもだけで留守番させていはいけない、親の目の届かないところで子どもだけで遊ばせてはいけない。米国では子どもの安全を守るために、子どもの遊びは、制約を受けている。

限られた隣近所の友達やきょうだいと家の裏庭で遊んだり、大人に連れられて車に乗って公園に行くだけで、子ども時代を満喫したことになるのだろうか。先に紹介した米国内で子どもだけの時間を与えたいという考えの人たちは、他の保護者に呼びかけたり、保護者の連絡先と子どもだけでいることを承認しているというカードを子どもに持たせたりしている。しかし、このような活動も子どもに対する視線を変化させるには至っていないし、公園や図書館など公共施設を使用する際には親が付き添うようにというガイドラインも変わっていない。その間にも子どもはどんどん成長していく。子どもは子どもだけの時間をほとんど経験せず、あっという間に運転免許を取得できる年になる。

親の目の届かないところで子どもだけの状態にしてはいけないという縛りがあるけれど、子どもにはその枠を目一杯使って欲しい。小学生の間は、大人の目から離れて子どもだけで遊ぶことは難しいとしても、何か代わりになるものがあればと思う。

Yケア……………………………………………………………………………………

私の仕事の都合で子どもたちは三年間、小学校の放課後託児ケアを利用した。ここで、思い切り遊んで楽しんだ。

これは学校の下校時に、保護者が迎えにくることのできない子どもたちを夕方六時まで預かるものだ。私は午後だけの託児を利用していたが、朝も開いていて、午前七時から学校の始業時間まで子どもを預かってくれる。学校の一室を利用して、その部屋を拠点に校庭で遊んだり、天候の悪い日は体育館で遊んだりしている。私の住んでいる市ではＹＭＣＡが運営しているため「Ｙケア」という名前になっている。この託児を利用するにあたって親が働いているかどうかは問われない。

利用料は安くない。週に五日、午後だけ利用した場合は一人あたり月に二二〇ドルかかる。午前と午後、両方を利用する場合には一人二七〇ドルかかる。子どもが保育園を卒園して、一カ月一人あたり一〇〇〇ドル近く払っていた保育料から解放されたと思いきや、小学生になっても親は保育料から逃れることができない。私の住む市の「Ｙケア」は兄弟姉妹割引きもないので、二人、三人と子どもが通うと、相当な金額になる。共働き家庭の利用が多いといっても、アルバイトやパートの稼ぎでは、保育料を払うと収支がトントンになってしまう。

私の子どもが利用したＹケアのだいたいのスケジュールは次のようなものだ。午後三時過ぎに学校が終わり、Ｙケアに通う子どもたちは校舎内の別室に移動し、家から持ってきたおやつを食べる。それが終わると「静かな時間」に変わり、宿題をする。低学年で自力で宿題をするのが難しい場合には、お絵かき、塗り絵などで静かに過ごす。午後四時三〇分ごろからは外遊びか体育館を利用して、だいたい三〇分ぐらい遊ぶ。再び部屋の中に入って、少しボードゲームやおもちゃで遊ぶ。五時三〇分近くになって、親に連れられて帰っていく子どもが増えてくると、六時まではテレビやビデオを見る。

Yケアでは、同じ学校に通う、学年の違う子どもたちと遊ぶ機会がある。学年は違うけれど、同じ学校に通っているという仲間意識があり、兄弟姉妹で利用している子が多いことから友達の輪がぐっと広がっている印象を受けた。長男はこのYケアで一学年上の子と親友になった。学年別にテーブルに座ってはいるが、体を動かして遊ぶ時間帯は自然に高学年の子どもがリーダーシップをとって、ボール遊びのルールを決めたり、小さい子に作戦を教えたりしている。私は迎えにいったとき、走り回っているために汗まみれになっている子どもが満足げな表情をしているのがうれしかった。

ただ、Yケアは指導員によって、決まりごとや規則がずいぶんと違う。私の子どもが通っていた最初の二年は若い男性の指導員が中心で、とにかく子どもといっしょに走って遊んでいた。バスケットボールやフットボールを教えてくれることで私の子どもには好評だった。しかし、子どもがひとりでもいうことを聞かないと全員をイスに座らせ、しばらくの間、顔を伏せさせる罰も与えているようだった。私の息子は罰則を気にせず楽しんでいたようだったが、息子の友達の女の子は「先生が怖い」ということでYケアに行きたがらなくなり、今はベビーシッターとともに放課後を家で過ごしている。別の友達は母親の決断で辞めたという。「私が迎えにいったとき、ウチの子どもの居場所を把握していなかったから」と話していた。私は個人的に、アルバイトらしき若い男性指導員の「監視の緩さ」が好きだった。

三年目は指導員が全て女性だった。主任は教員経験のある中年の女性で、室内でスペリングゲームや、絵当てクイズなどをしていることが多いようだった。私ははじめ「預かってもらえて、勉強の補助になるようなゲームもしてくれて一石二鳥」と思った。しかし、外で遊ぶ時間がすごく短かった。少し肌寒いと一〇分で切り上げたり、上着を着ていない人は外で遊ばせてもらえなかったりした。暑い（日本人の私にとっては、それは初夏よりも涼しい）ときもすぐに切り上げていた。若い女性の指導員が二人いて、塗り絵をするときなどにいっしょに遊んでくれて、主に女の子には人気があったようだ。

子どもを預けている親は、子どもがYケアでどのように過ごしているか、子どもから話を聞く以外には把握できない。私も時々、他の母親から「子どもが今年のYケアは楽しくないって言っているの。お宅のお子さんはどう？　Yケアに期待してはいけないのかもしれないわね」などと聞かれたこともある。

私は迎えに行ったとき、子どもが夢中で遊んでいる最中なら「もう少し遊ばせてください」とお願いして居残っていた。Yケアは子どもが遊びを満喫できる数少ない場所だと考えていたからだ。一度は「お迎えの書類にサインをしたら、すぐに連れて帰ってください」と指導員の人に注意されたこともあったが、私が「今からは私が見ていますので」と話すと了解してくれた。現在は私が夕方の時間帯に仕事をしなくなったため、子どもたちはYケアに通っていない。子どもはYケアを辞めたあとも、放課後ずっと校庭に残って遊び続けていたので、それに付き添っていた私は、外遊びしているYケアの様子をうかがい知ることができた。

Yケアでは集団行動が求められるが、ベビーシッターを雇うと親の要求や子どものやりたいことに個別に応じてやることができる。中学生や高校生のベビーシッターを雇えば、Yケアに月間ひとりあたり二二〇ドル支払うよりも安くあげることも可能だ。一方でYケアには異年齢による集団遊びが経験できる利点がある。私の見る限り、米国郊外の子どもたちの間で遊びが継承されている様子はうかがえないが、うちの息子たちは色々な種類の鬼ごっこだけはYケアの高学年の子どもに教えてもらって、覚えてきた。
子どもを預ける親が何を期待するかも様々だ。それに指導員の人が子どもたちの仲間的な立場なのか、管理的な立場に寄っているかによってYケアの雰囲気はずいぶんと変わる。男性と女性の指導員がいて、年齢層もある程度バラけているほうがいいのではないか。Yケアを利用する子どもも、外遊び派、室内遊び派といろいろだからだ。

私はYケアを利用するにあたってのデメリットは利用料金が高いことと、指導員によっては管理・監視に重点が置かれ、子どもが自由に遊べる時間が少ないことだと感じていた。そんなとき、ミシガン州デトロイトのダウンタウン、その中では比較的治安の良い一角にあるボーイズ・アンド・ガールズという組織が運営する子どもの居場所をたずねた。数年前にNFL（米プロフットボール）から多額の寄付を受けて作られた施設だ。屋内には体育館や卓球台、コンピューター室があり、外にはフットボールをして遊べるフィールドが用意してある。放課後や長期休暇中の子どもに居場所を与えるという意味ではYケアと同じような役割を持っている。受付には指導員がいて、子どもたちは入館カードを提示して中へ入っていく。子どもたちがコンピューターを利用するためには決まった講習を受けなければならず、インターネットなども含めコンピューターは使い方を間違うと犯罪に巻き込まれる恐れがあることを教えている。そのほかにも美術クラスや寄付主であるフットボール選手とのふれあいの日もある。

Yケアと同様に指導員の人も何人かいる。指導員以外の大人は施設の中に入ることはできず、たとえ送り迎えの親であっても受付の一室で足止めをされる。子どもが親権のない親や、不審者に連れ去られることを防ぐためだ。

Yケアと違うところは、子どもの出入りは自由であることだ。親が迎えにくるまで施設内で待っているかどうか、親に連れてもらってくるかどうかは、各家庭の責任になっていて、この施設では子どもを確実に保護者に引き渡すところまでは責任を負っていない。日本の児童館に似ている。学年に関係なく満六歳の誕生日から利用できる。利用料は年間五〇ドルで、夏休みだけは別に三〇ドルを支払うという。

Yケアとの違いはもう一点ある。この施設は立地の場所柄からか、子どもが犯罪に巻き込まれるのを防ぐだけではなく、子どもが犯罪を起こしてしまうのを防ぐための施設でもあるといえることだ。施設内は死角になるのを防ぐような作りになっている。トイレには便器しかなく、鏡や手洗い場はトイレの外に設けられている。子どもたちがトイレの中にこもり、いじめや麻薬などの薬物使用が発生するのを避けるためだ。人の目の届かないところがないようにと徹底されている。利用している子どもはアフリカ系アメリカ人がほとんどだった。

ここでは子どもだけの秘密の場所を持つことはできない。しかし、車の通りを心配せずに、親から離れて仲間と遊ぶことのできる居場所はある。利用料が安いことも親にとっては重要なことだ。

最近では、日本でも小学生の子どもたちを放課後、少子化で空きの出た学校内の教室で預かる事業などが始まっているようだ。

サマーキャンプ

米国は日本に比べて夏休みが長い。だいたい六月下旬から九月までが夏休み期間で、曜日の関係によっては三カ月近くになることもある。普段できないことをするのが夏休みのよさということには日米で変わりはないだろう。米国では多くの子どもたちがサマーキャンプに参加する。共働き家庭ではサマーキャンプなしには長い夏休みを乗り切ることは難しいだろう。なにしろ、子どもだけで留守番をさせられないのだから。

サマーキャンプは名前にこそ「キャンプ」という名前が入っているが、日帰りのものが中心だ。なかには川や山の近くに泊りがけで出かけるものもあるが、たいていはデイキャンプで、そこでは日本のような飯ごう炊さんなどはやっていない。一日を楽しく遊んで過ごすことが主な内容だ。

三月や四月ごろになると市やスポーツクラブ、ＹＭＣＡなどからサマーキャンプの案内が送られてくる。また、普段から習い事をしていると、サッカーキャンプ、野球キャンプ、ゴルフキャンプ、美術系キャンプなど各種の案内が送られてくる。博物館ではサイエンスキャンプなどが開催されている。英語圏でない国から引っ越してきて間もない子どものためのＥＳＬキャンプのようなものもある。小学生の年代には日本の塾の夏期講習にあたるものは少ないが、市が主催している読書力や数学力を強化するクラスや大学主催の本読みクラスなどがある。

内容は大きく二つに分けられ、託児の内容が濃いものと、技術の習得を目的とするものがある。市で開催しているものは、近くの大きな自然公園のなかで毎日過ごすというもので、どこかに出かけていくことは少ない。施設のなかで鬼ごっこしたり、ボール遊びをしたりして過ごす。

保育園（民間による運営）でも夏休みには学齢期の子どもたちを多く預かっている。たいていの保育園には小さな遊び場しかないので、この子たちはマイクロバスのような小型のスクールバスに乗って、近所の公園に出かけている。みんなおそろいのＴシャツを着ていて、背中に保育園の名前と住所、電話番号が入っている。ＹＭＣＡのサマーキャンプでも一週間のうち何度かは、スクールバスに乗って違う場所に行く。近くの水遊びのできる公園だったり、図書館だったりする。

習い事系のキャンプは半日や一日の単位でコーチについて練習をする。私の住んでいるところは、それほど夏の暑さが厳しくないので、夏の日中でもサッカーやフットボールの練習をしている姿をよく見かける。小学生対象の勉強系キャンプでは「合宿」のようなものではなく、一コマ一時間ずつ区切るなどしている。

小学生の子どもがいる家庭では、パンフレットを見ながら子どもの希望も聞いて、どのキャンプに子どもを送り込むかを決めていく。子どもと仲の良い友達のお母さんに電話して、同じキャンプに入れる相談をすることもある。

ここでも、費用は安くはない。市の主催するキャンプは午前九時から午後三時までだと、一人一週間で一一〇ドル。午後六時まで預かってもらう場合は一日あたり一〇ドルの割り増しになる。保育園やＹＭＣＡが主催しているキャンプでは午前九時から午後六時までで、一週間で二〇〇ドル程度が相場のようだ。教会主催のキャンプでは、これほど費用がかからないようだが、全く無料というわけではない。私は日本で子どもを民間の日帰りキャンプに参加させたことがあったが、一日あたり四〇〇〇円程度だったので、費用的には日米でだいたい同じようなものだろう。夏休みは保育所、スポーツの習い事を運営している会社はかきいれどきである。指導員はだいたい夏休み中の大学生であることが多い。

共働き家庭はサマーキャンプなしでは夏を乗り切れないが、親やそれに代わる大人が家にいる家庭では、サマーキャンプに出かけないという人たちもいる。二人の子どもがサマーキャンプに出かければ、相当な出費になる。習い事のキャンプを一週間だけや、親子の息抜きのために市のキャンプに二週間程度行くという子たちも多い。送り迎えが大変なので、親子で家でのんびりしたいという人もいた。

子どもに自由な活動をさせたいと考えている人たちのグループでは、サマーキャンプは子どもの自由な遊びとは反対の位置にあるものと捉えている人たちもいる。

利用するかどうかは各家庭の判断によるが、夏休みは長いので親にとっても、子どもにとってもサマーキャンプの存在は心強いのではないだろうか。遊び相手となる兄弟姉妹のいない家庭では積極的に利用しているようだ。大人の監視のなかで、決まったスケジュールにのっとって集団行動しなければいけないが、若い学生の指導員に相手をしてもらって一日中遊ぶことができる。夏休みの間に未経験の習い事系のキャンプに参加して楽しみを知る場合もある。

ところで、夏休み中も、普段の放課後と同じ問題が発生する。私の友人の子どもは、親が共働きのため、夏の間、ずっとサマーキャンプに参加している。子どもは「サマーキャンプは嫌いではないけど、毎日出かけるのはいや。家でごろごろテレビを見ていたい」と行き渋るそうだ。友人は「まだ小学生。家で一人で留守番させるわけにはいかないし。できるだけお友達と連絡をとって、仲の良い子が行くキャンプと同じところ、同じグループになるようにしているのだけれど」と悩んでいた。親とともに家で夏休みを過ごしている子どもも、近所に共働き家庭の子が多いと、近所の友達は夕方までサマーキャンプに行っているため「遊ぶ友達がいないよー」ということになる。

私の場合、サマーキャンプに参加するかどうかは、お金に相談するところがかなり大きい。

サマーキャンプに参加して日ごろできない体験ができるとすれば、そこでもサマーキャンプ参加費用を捻出できる家庭とそうでない家庭の子どもに何らかの体験の違いが生まれることになる。

サマーキャンプの利点は学校のことをしばし忘れ、みんなでわいわいと普段できないことができるところだろう。一方で子どもによっては、ずっと監視のある中で、集団行動しなければいけないつらさを感じる子もいる。親にとっては費用が高額で、共働きの家庭では、夏の間はかなりの金額をサマーキャンプに費やすことになる。

そこで私は、夏休みに入る前に子どもの友達五、六人に声をかけ、兄弟姉妹も大歓迎ということにして、自前でサマーキャンプのようなものをやることにした。午前中の涼しいうちに私の家に集まってもらい、近くの小学校の校庭で遊ぶことにした。そこまでボールなどの遊び道具を持って歩く。最初はサッカーをして遊び、サッカーに飽きた子たちはブランコやジャングルジムで遊んだ。昼ごはんには近くのピザ店で注文したピザを食べ、午後からは水着に着替えて水風船や水鉄砲をして遊んだ。私はよその子どもを預かっている立場なので、一応、危ないことがないかどうかは気を配っていたが、預かった子どもの親たちとは気心の知れた付き合いをしていたため「ケガをさせてはいけない」という緊張感はそれほどでもなかった。他のお母さんはいないので、みんなを平等に叱ったり、注意することができた。

別の日には、みんなで約一キロメートルほど離れたプールまで歩いていった。子どもたち七人を車に乗せることができなかったせいもある。いつも車で移動している子どもたちから歩くことに関して文句が出なかったのは意外だった。小学校高学年の子どももいて、みんなの世話をしてくれた。

子どもたちにとって、サマーキャンプとどちらが楽しかったかどうかは分からない。預かった子どもの母親からは夕食の差し入れなどをしてもらった。子どもを預かったのは私だが、さながら共同託児といったところだった。サマーキャンプに預けずに、子どもを大勢の友達と遊ばせるためには、親は事前の企画から当日の見守りまで努力が必要だということもよく分かった。けれども、私自身が他の子どもと仲良くなれて楽しかったこともあり、また、やるつもりでいる。

スポーツの習い事……………………………………

大人の付き添いなしに外で遊べない子どもたちは、大人が付き添うことのできる時間＝子どもが外で体を動かして遊ぶ時間となる。親の都合や隣近所に友達がいない場合は、体を動かして遊ぶ時間が少ない子もいる。それらを手っ取り早くある程度補うことができるのは、ルールを学びながら、他の子どもといっしょに体を動かすスポーツ系の習い事であろう。米国はスポーツが盛んな国柄である。家でテレビゲームをしているよりは、スポーツの習い事をしている方がずっといいと考えている親は多い。

スイミングスクールはベビースイミングの名前で知られる通り、親に抱かれた乳児からのクラスがある。体操教室もヨチヨチ歩きの子どもから参加できるようになっている。近所のＹＭＣＡは、ここは本格的に技術を仕込むところではなくレクリエーション目的だが、三歳からサッカーやバスケットボールのクラスがある。インドアのサッカー施設でも三歳からサッカーのクラスに入ることができ、スケートクラスも三歳から参加することができる。子どもにとってはややルールが複雑な野球は、ティーボールとして四歳ごろから始めることができる。これは投手の投げた球を打つのではなく、ティーの上にボールを乗せ、ゴルフのような要領で静止したボールを打つものだ。フットボールは小学校低学年からフラッグフットボール（相手の体を倒す代わりにユニホームにつけた尻尾を取るもの）として紹介される。女の子にはダンススクールやバレエ教室も人気があるようだ。大人のエクササイズの子ども版としてヨガ教室なども見かける。

年齢が上がって、小学校低学年ごろになると、レクリエーション目的でやっていた各種目にも、選抜制の競技チームや競技クラスができてくる。年に一度程度、トライアウトと呼ばれるテストを受け、トラベルチームと呼ばれる競技目的のチームに入る。テストに落ちた場合には、二軍かレクリエーション目的のチームに入り、翌年、再挑戦することになる。夏休み以外にも、春休みや感謝祭休暇、年末年始休暇を利用して、学童対象のスポーツクラスが開かれている。個人レッスンも盛んだ。

日中の時間帯、会社に勤務している米国人たちの多くは、夕食前に仕事を終えている。子どものスポーツ系の習い事では送迎も含め、父親が主力になっている。平日の夕方はネクタイをつけたまま駆けつける姿も珍しくない。レクリエーションから競技目的のチームまで、特に男子に人気のチームスポーツでは、主に父親たちがボランティアでコーチをし、練習や試合のスケジュール管理までをこなしていている。ちなみにうちの夫は子どもの試合のときは、計時係をしている。チーム全体の世話をするため、他の子どもたちとも仲良くなり、家族ぐるみで付き合うことができる。子どもと親がスポーツを楽しむ時間を共にし、チームが勝つためにいっしょになって頑張るとき、家族全体で盛り上がることができる。

ただし、スポーツ系の習い事では、子どもたちは常にコーチの指示に従って動くので、自分たちで草野球や草サッカーなどをしているのと同じとは言い切れない。遊びのなかでやっているわけではないから自分たちでルールを工夫するという余地はない。勝手に帰ることも、解散することもできない。

こんな笑い話を聞いたことがある。小学校高学年の女子たちがソフトボールの練習のためにグラウンドに集まっていた。その日、急にコーチの都合が悪くなり、コーチは練習開始時間を三〇分過ぎても現れなかった。子どもたちは、自分から練習することもなく、ソフトボール遊びをすることもなく「今日はコーチがこないので練習できない」と言って終わったそうだ。また、練習回数が多くなってきたり、種目を掛け持ちする子もいるため、親子で忙殺されそうになることがある。

私は、子どもがスポーツ系習い事の練習や試合をしているとき、親がずっと見ていることの影響はないのだろうかと疑問を持っている。親がコーチをし、子どもといっしょに体を動かす楽しさを味わうことができればいい。しかし、ずっと親が観客席から見守っていることで、子ども側が無意識のうちに「見られるためのプレー」をする可能性はないだろうか。例えば親が評価する一生懸命さなどを「一生懸命にやっているように見える」ようにプレーしてしまうことにつながらないだろうか。親に評価されるプレーを意識することと、スポーツそのものを楽しむことは両立しづらいと思う。

それにスポーツには、プレーしている選手はもちろん、見ている観客を熱狂させる力がある。自分の子どもがプレーするとき、親は子どものプレーに熱くなることがある。米大リーグの元選手が、自分の子どもをコーチングするにあたって「親である自分の感情をコントロールするのはとても難しい」と言っている。実際に少年のアイスホッケーでは親がコーチを殴り殺してしまう殺人事件が起きている。私の子どもたちがアイスホッケーをするときには、親の誓約書が必要だ。「相手チームのロッカーに立ち入らない」「コーチや審判に暴言をはかない」などという事項に同意しなければいけない。

長男が五歳で近所のＹＭＣＡでサッカーを始めたとき、私は「原っぱの石ころ」になったつもりで、ただ黙ってその場にいることだけを心がけていた。しかし、学年が上がってきて、試合らしいものを始めると、私はだんだん冷静でいられなくなり、まるでひいきのプロチームの応援をするような気分の高まりを自覚するハメになった。「走れーっ」とか「パスっ」などとはしたなくも叫んでしまっているのである。そして、力が出し切れずに負けたりすると「今日はなんだかがっかりした」という気持ちになるのだ。

子どものコーチングについて書かれた本には「帰りの車のなかで、コーチに代わって、くどくどアドバイスをすることは避けるように」と書かれていた。親が観客席で試合を見て送迎もするとなれば、帰りの車は「どうして、ボールを見てなかったの。ぼんやりしてたらダメ」ぐらいの小言が出ることになる。日米で共通だろうが、習い事は遊びとは違い、上達していくと将来の何かいいことに結びつきそうだという大人の打算も働く。米国では、高校生でスポーツができることは、大学受験の際に有利に働く。大学スポーツが盛んなので、有望株の高校生選手には大学側から奨学金をつけて入学のお誘いがかかるのだ。もちろん、学業成績も一定以上に達していることが条件で、高校生と親にとって「スポーツで奨学金をもらう」ことは、大変、名誉なこととなっている。

親子でスポーツを楽しむことができる家庭もあるだろう。しかし、スポーツに熱くなりやすい私自身が行き着いたのは、外遊びを補うものとしてスポーツを考えるのなら、私は観客席に座らないほうがいいということだった。もちろん、チームメートの他の親ばかりに負担をしいることはできないので、用具の持ち運びや飲み物やおやつなどの世話はしている。子どもが「今日は二点入れた」「強いチームに勝てた」とうれしそうに報告してきたら「それはよかった」などと相槌を打つだけにしている。子どもが中学生や高校生になって、大人に近いプレーができるようになってきたら、また、私は熱くなってしまうかもしれないけれど……。

モーターママ。学校で…………………………………………

私は子どもの通う学校ではモーターママというボランティアをしている。これは日本でも取り入れられているようだが、いろいろな運動をさせることで、学習能力を高めたり、子どもが落ち着いて話を聞けるようにするものだ。

専門家のなかには昔は遊びのなかで、自然に感覚統合を促すことができていたという意見もある。

私の子どもが通う学校区では、この訓練は講習を受けた親のボランティアでまかな

っている。内容は、

①大きなボールを使ってキャッチボールをしながら数を数える。
②バランスボードを使って、ボールを投げながら数を数える。
③トランポリンの上をジャンプしながら、数を数えたり、英単語のスペルを言う。
④平均台の上を歩きながら、英単語のスペルを言う。
⑤マットの上を転がりながら、マザーグースなどの詩を暗唱する。
⑥左右の足と手を交差させるようにハイハイする。

数を数えるほかにも一年の月の名前を言うことや曜日を言うことなどもあった。

ボランティアとして補助に入ってみると、なるほど、これらは私の子ども時代には遊びのなかにその要素があった。もちろん、英単語を覚えるとか、数を数えるとか、そういうことはしなかったが、歩道に敷かれた白線上を一列に並んで歩き、先頭の子どもが話した言葉や動きをマネする遊びはよくやっていた。

私は、学校の場で学習能力を高める運動として出会ったが、ちょっと大人が最初にやり方を教えると、友達同士の遊びのなかでも十分に楽しめそうだと思う。二男はソファの上でジャンプしながら、二ずつ、五ずつの数え方を覚えることができた。

初めての買い物

夏休みには、子どもだけで買い物することにも挑戦してみた。これは子どもがひとりで買い物することに挑戦するというよりは、私がどうすれば子どもだけで買い物に行かせることができるかという挑戦でもあった。親とともにスーパーマーケットに買い物に来ていても、そのスーパーマーケットの中を子どもだけで歩いていると、他の買い物客は不思議そうに見つめる。米国の大型スーパーは広い。だからいつ迷子になってもおかしくない、いつ不審者に連れ去られてもおかしくない、それを基準にした安全管理がされている。

私は近所で一番小さいスーパーマーケットを買い物場所に選んだ。ここは出入り口がひとつしかない。店員にも顔見知りの人が多い。店員の一人は夫の友人の配偶者で、もう一人は子どもがお世話になった託児所の元保育士だ。スーパーマーケットまでは大人の私でも歩いていくことができないので車で出かけた。私は出入り口のところで待つことにした。子どもにお金と買い物のリストを渡して「他のお客さんやお店の人に聞かれたら、お母さんはドアのところにいると言いなさいね」と入れ知恵した。長男は無事に買い物を終えて出てきたが、翌日、当時、幼稚園年長の二男を買い物させたときは案の定「お母さんはどこ？」と聞かれていた。その人が私を探す身振りをしているのが外からでも見えたので、私は急いでスーパーの中に入り、笑顔で手を振って「今、買い物をする練習をしているんです」と大声で明るく話した。「連れ去りや誘拐など最低限の安全は確保してますよ」というアピールのためである。出入り口がひとつしかない小さなスーパーでの買い物は、私が出入り口で見守っていることさえ店員と他のお客さんに伝われば、またできそうである。

歩いていける範囲を広げる……………………………

子どもの足で歩いて一五分ぐらいで行けるところ、同じ住宅区画内の友達の家を訪ねるときは、私が付き添ってできるだけ歩いていく。子どもだけで歩いて友達の家へいくための準備のつもりだ。

以前は雨の日は車を使って移動することも多かったが、小学生なら傘をさしてもしっかり歩けるので、雨の日も歩くようにしている。私が子どもに付き添っているときは、四つ角など特に車に注意する場所などを確認する。これを何度か繰り返して友達の親にも「歩いてくることができる」ことを分かってもらう。最初はなかなか理解してもらえず「車で迎えに行ってあげようか」と何度も言われた。そのうちに「あなたたち歩くのを楽しんでいるのね」と言ってもらえるようになった。新学期が始まって間もなくの秋の日、天候のよい日を選んで、当時、八歳の長男を友達の家まで送り出すことができた。もちろん、相手の親には「今日はひとりで歩いていかせるので、よろしくね。何度か私といっしょに歩いているので大丈夫だ思う」と前もってメールを入れた。帰りは日が暮れかかっているといけないという相手の配慮で、私が迎えに行くことになったけれど……。

この作戦は誰にでも、どこでもできるわけではない。まず、相手の親に、子どもだけで歩いてくることを理解してもらわなければならない。子ども自身の安全のためと周囲の理解を得るために、明るい時間帯やまず安全と思える場所でなければいけない。私がただ面倒だからではなく、安全についての気配りをしたうえで、子どもを歩かせているのだということが伝われば、相手の親の考え方によっては、何とかなりそうだ。一年以上かけて、ようやく二軒ばかり開拓できたところだ。子どもが歩いていくときには「突然の訪問」にならぬよう、前もって相手の親に連絡をし「私が了解して送り出している」ことを知らせている。

放課後のケア、スポーツを含む習い事、夏休みなどの長期休暇や一日休みなどの際に開かれるディキャンプ。子どもが大人の監視のなかで安全に遊べる場は用意されている。私は、できるだけ近所の子どもがいる家に「私、今、時間があるのでいつでもお子さんを見ますよ。必要なときは言ってね」と声をかけている。よその子を預かるには、ケガをさせてはいけないというプレッシャーが伴う。しかし、家の裏庭程度という限られたスペースでしか遊べない子どもたちが友達と遊ぶには、私が預かるしかない。家から歩いていける唯一の広場である小学校の校庭まで行き、いっしょに遊ぶようにしている。

そして、子どもを見守る基準がだいたい同じだと感じる人を見つけるようにして、それとなく、話を持ちかけ、じわじわっと子どもだけで遊べる範囲を広げているところだ。

さいごに

アメリカには野良猫や野良の犬の姿がない。野生の動物でない、飼われている動物を世話し、管理するのは持ち主の責任である。野生の動物でないのに管理主のいない動物、または飼育することを放棄された動物は保護される。「アニマル・プラネット」というケーブルテレビ局の番組では、パトロール隊が、エサを与えられず世話もされていない動物や、闘犬などのギャンブルに使われている動物を救い出して、保護する番組を放送している。時には裁判所で保護する側が、動物の元の所有者と所有権を争う様子も写し出されている。テレビを見ていると、動物を飼いながら、何の世話もせず、荒れるがままにしているひどい人間もいるものだと思う。

動物と人間の子どもを同じにするのはおかしいかもしれない。私も違和感はあるけれども、この番組を見ていると、なんだか動物たちが子どもの姿にもだぶってくる。

育てることを放棄されてしまった子どもたちがいないかどうか、パトロール隊が調査をし、救い出す。育児放棄や虐待への関心が強いことで、救われる子どももたくさんいるはずだ。

その一方で、アメリカでは飼い猫であってもふらふらと外を歩き回っている姿を見かけることは少ない。そのことが子どもたちの様子と重なって見えることもある。外をふらふらと歩いている子どもは少ない。子どもの行動に責任を負う保護者によって「管理」することを求められているように感じる。

飼い犬が飼い主に連れられ、一日二度ほど散歩しているのも、私と子どもたちに見えてくる。運動が必要な子どもたちを一日に二度ほど、外で遊ばせる。まるで犬を散歩させるように。

一二歳以下の子どもを子どもだけの状態にするべきではない。これが今、私が暮らしている米国の中流層の常識である。子どもは守られなければならない。年齢や状況によっては一人にしてはいけない状態はある。小学生は、まだ、判断力や危険に対応する力が大人並みではない。それもよく分かる。

この年代の子どもたちは、まだ大人に従わなければ生きていけない。そして、まだ、管理下に置きやすく、親は付き添うことで安全対策への手ごたえを感じることができる。

確かに米国では年間約一〇〇件程度、不審者に連れ去られ、一定期間拘束され、体を傷つけられる恐れのある深刻な誘拐事件が起こる。その数は日本に比べて多い。しかし、その誘拐の件数は、交通事故死する数よりも少なく、そして、自殺者数よりも少ない。

私自身、親が子どもに付き添う暮らしのなかで、親子で閉じてしまっていないかとふと考えることがある。思い通りにならぬ子どもにいらいらし、つい我を忘れて、不必要に叱ったり、怒鳴ったりしてしまう。外敵から子どもを守っているつもりが、逆効果になっているのではないかとわが身がおかしくなる。家族が閉じることで、隣近所の目を避けて、子どもをいじめたり、虐待につながっていってはいけないとも思う。

送り迎えに追われる暮らしの忙しさは親として引き受けるつもりでいる。

しかし、子どもを守るための安全対策は、大人が監視することや危ない遊びを避けること、危ないものに近づけないことで終わりではないはずだ。そのために子どもが失ったもの、遊び時間の減少や子どもだけで行動する楽しさを、大人は補うことを考えなければいけないかもしれない。親子で閉じてしまうことも避けたい。親だけでなく、社会で考えてもらえれば、有難い。

私は日本の公園に「一八歳以下の子どもは、大人の付き添いが必要です」という立て札が現れないように願っている。

この本を書くにあたって、生活書院の高橋淳さんにお世話になり、心より感謝している。

谷口輝世子

◉本書のテクストデータを提供いたします

本書をご購入いただいた方のうち、視覚障害、肢体不自由などの理由で書字へのアクセスが困難な方に本書のテクストデータを提供いたします。希望される方は、以下の方法にしたがってお申し込みください。

◎データの提供形式：CD-R、フロッピーディスク、メールによるファイル添付（メールアドレスをお知らせください）
◎データの提供形式・お名前・ご住所を明記した用紙、返信用封筒、下の引換券（コピー不可）および200円切手（メールによるファイル添付をご希望の場合不要）を同封のうえ弊社までお送りください。

◉本書内容の複製は点訳・音訳データなど視覚障害の方のための利用に限り認めます。内容の改変や流用、転載、その他営利を目的とした利用はお断りします。

◎あて先：
〒160-0008
東京都新宿区三栄町17-2 木原ビル303
生活書院編集部　テクストデータ係

【引換券】
子どもがひとりで
遊べない国、アメリカ

著者略歴

谷口輝世子（たにぐち・きよこ）

1971年生まれ。1994年京都教育大学卒業後、スポーツ紙でプロ野球を担当。1998年に渡米し、主に大リーグを取材。2001年よりフリーランス・ライターに。
著書に『帝国化するメジャーリーグ』（明石書店、2004年）など。

子どもがひとりで遊べない国、アメリカ
――安全・安心パニック時代のアメリカ子育て事情

発　行――二〇一一年一一月一日　初版第一刷発行
著　者――谷口輝世子
発行者――髙橋　淳
発行所――株式会社　生活書院
〒一六〇―〇〇〇八
東京都新宿区三栄町一七―二　木原ビル三〇三
TEL　〇三―三二二六―一二〇三
FAX　〇三―三二二六―一二〇四
振替　〇〇一七〇―〇―六四九七六六
http://www.seikatsushoin.com

印刷・製本――株式会社シナノ

Printed in Japan
2011© Taniguchi, Kiyoko
ISBN 978-4-903690-83-4